영미명시선
An Anthology of
English and American Poems

영미명시선

An Anthology of
English and American Poems

박희진 · 신성진 · 전상범 편역

한국문화사

영미명시선

초판1쇄 2012년 5월 30일
초판2쇄 2012년 9월 10일

편 역 자 박희진 신성진 전상범
펴 낸 이 김진수
펴 낸 곳 **한국문화사**
등   록 1991년 11월 9일 제2-1276호
주   소 서울특별시 성동구 아차산로3(성수동1가) 502호
전   화 (02)464-7708 / 3409-4488
전   송 (02)499-0846
이 메 일 hkm77@korea.com
홈페이지 www.hankookmunhwasa.co.kr

책값은 뒤표지에 있습니다.

잘못된 책은 바꾸어 드립니다.
이 책의 내용은 저작권법에 따라 보호받고 있습니다.

ISBN 978-89-5726-962-6 03840

■ 책머리에

많은 비평가가 영문학의 위상을 논하는 자리에서 소설은 러시아와 프랑스에 윗자리를 양보하고 있는 것 같습니다. 예를 들어 E. M. 포스터는 도스토예프스키만큼 인간의 영혼을 깊이 있게 탐구하거나 마르셀 프루스트만큼 현대인의 의식을 성공적으로 분석한 영미소설가는 없다는 사실을 지적하고 "우리는 이들 빛나는 업적 앞에서 주눅이 들 수밖에 없다"라고 고백하고 있습니다. 그러나 이어 그는 "하지만 영시는 아무도 두려워할 상대가 없다―그것은 양과 질에서 걸출하다"라고 주장합니다. 웨스트의 지적이 아니더라도 영시는 어느 나라 문학 못지않게 세계문학에 공헌한 바가 큽니다.

시는 흔히 '멋'의 문학, '여유'의 문학, 나아가 '유한' 문학으로 치부되기 쉽습니다. 그러나 시란 특수한 사람들을 위한 특수한 형태의 문학이 아닌 우리 일상생활의 일부여야 하고, 하루 일이 끝난 뒤에 편하고 즐겁게 읽을 수 있는 것이어야 한다는 롱펠로의 주장을 빌리지 않더라도 시는 어느 문학 장르 못지않게 우리 생활과 밀접하고 절실한 문학입니다. 유럽 여러 나라에서 장소를 가리지 않고 이루어지는 시 낭송회는 흔히 볼 수 있는 일상적 광경입니다.

이 사화집에는 잘 알려진 영시 가운데서 우리 정서에 쉽게 와 닿는 시를 골라 담았습니다. 책의 성격상 너무 길거나, 내용보다는 리듬으로 읽히는 시는 다음 기회로 미루었습니다.

　시대와 문화를 달리하는 이들 시에 우리가 공감할 수 있는 것은 결국 인간이란 그 근본이 하나이기 때문입니다. 바라건대 여기 모아놓은 시들이 독자에게 위안을 주고, 나아가 인생에 대한 예지를 더해줄 수 있다면 역자들은 더없는 기쁨으로 여길 것입니다.

박희진
2012년 초여름에

■ 차례

Anonymous
001　THE OLD MOTHER ··· 2
002　THE TWA CORBIES ··· 4

W. Barnes
003　THE MOTHER'S DREAM ··· 6

L. Binyon
004　PINE TREES ··· 8

W. Blake
005　ON ANOTHER'S SORROW ·· 10
006　THE TIGER ··· 14

E. Blunden
007　FROM A STUDY WINDOW ·· 16

F. W. Bourdillon
008　THE NIGHT HAS A THOUSAND EYES ····················· 18

R. Bridges
009　POPPY GROWS UPON THE SHORE ······················· 20

R. Brooke
010　THE SOLDIER ··· 22

E. B. Browning
011　IF THOU MUST LOVE ME ··· 24
012　HOME-THOUGHTS, FROM ABROAD ······················· 26
013　SUMMUM BONUM ·· 28

R. Burns

- 014 MY HEART'S IN THE HIGHLANDS ... 30
- 015 MY LUVE ... 32
- 016 ON SEEING A WOUNDED HARE LIMP BY ME, WHICH A FELLOW HAD JUST SHOT ... 34
- 017 THE BANKS O' DOON ... 36

G. G. Byron

- 018 SHE WALKS IN BEAUTY ... 38
- 019 WHEN WE TWO PARTED ... 40

T. Campbell

- 020 THE RIVER OF LIFE ... 44

H. Carey

- 021 SALLY IN OUR ALLEY ... 46

C. Cibber

- 022 THE BLIND BOY ... 50

J. Clare

- 023 THE WOOD-CUTTER'S NIGHT SONG ... 52

A. H. Clough

- 024 "WHERE LIES THE LAND TO WHICH THE SHIP WOULD GO?" ... 56

H. Coleridge

- 025 SONG ... 58

P. Colum

- 026 NO CHILD ... 60

G. Darley

   027   LAST NIGHT ········ 62

W. H. Davies

   028   THE EXAMPLE ········ 64
   029   LEISURE ········ 66

W. de la Mare

   030   THE FLY ········ 68
   031   THE FUNERAL ········ 70

E. Dickinson

   032   I LIKE A LOOK OF AGONY ········ 72
   033   IF I CAN STOP ONE HEART FROM BREAKING ········ 74
   034   NO RACK CAN TORTURE ME ········ 76
   035   THE MOUNTAIN ········ 78

H. A. Dobson

   036   WHEN I SAW YOU LAST, ROSE ········ 80

D. M. Dolben

   037   REQUESTS ········ 82

T. S. Eliot

   038   AUNT HELEN ········ 84

R. W. Emerson

   039   CONCORD HYMN ········ 86
   040   SUCCESS ········ 88
   041   THE FABLE ········ 90

E. Field
042 LITTLE BOY BLUE 92

R. Frost
043 COME IN 94
044 STOPPING BY WOODS ON A SNOWY EVENING 96
045 THE DEATH OF THE HIRED MAN 98
046 THE ROAD NOT TAKEN 112

H. Garland
047 THE MOUNTAINS ARE A LONELY FOLK 114

O. Goldsmith
048 A SONG 116

T. Hardy
049 THE MAN HE KILLED 118

G. Herbert
050 THE GIFTS OF GOD 120
051 VIRTUE 122

R. Herrick
052 THE PRIMROSE 124
053 TO ANTHEA, WHO MAY COMMAND HIM ANY THING 126
054 TO DAFFODILS 128
055 TO ELECTRA 130

R. Hodgson
056 TIME, YOU OLD GIPSY MAN 132

T. Hood
- 057 PAST AND PRESENT ... 136

A. E. Housman
- 058 LOVELIEST OF TREES ... 140
- 059 WHEN I WAS ONE-AND-TWENTY ... 142

R. Hovey
- 060 AT THE CROSSROADS ... 144

J. Keats
- 061 ODE ON A GRECIAN URN ... 146

A. J. Kilmer
- 062 TREES ... 150

C. Lamb
- 063 THE OLD FAMILIAR FACES ... 152

W. S. Landor
- 064 ON HIS SEVENTY-FIFTH BIRTHDAY ... 154

D. H. Lawrence
- 065 A PASSING BELL ... 156

H. W. Longfellow
- 066 A PSALM OF LIFE ... 158
- 067 THE ARROW AND THE SONG ... 162
- 068 THE DAY IS DONE ... 164
- 069 THE VILLAGE BLACKSMITH ... 168

R. Lovelace
070　TO LUCASTA, ON GOING TO THE WARS ⋯⋯⋯⋯⋯⋯⋯⋯⋯⋯⋯ 172

J. Masefield
071　SEA-FEVER ⋯⋯⋯⋯⋯⋯⋯⋯⋯⋯⋯⋯⋯⋯⋯⋯⋯⋯⋯⋯⋯⋯⋯⋯⋯⋯ 174

E. V. Millay
072　PITY ME NOT ⋯⋯⋯⋯⋯⋯⋯⋯⋯⋯⋯⋯⋯⋯⋯⋯⋯⋯⋯⋯⋯⋯⋯⋯ 176

T. Moore
073　THE LAST ROSE OF SUMMER ⋯⋯⋯⋯⋯⋯⋯⋯⋯⋯⋯⋯⋯⋯⋯⋯ 178
074　THE LIGHT OF OTHER DAYS ⋯⋯⋯⋯⋯⋯⋯⋯⋯⋯⋯⋯⋯⋯⋯⋯ 180

G. Morris
075　WOODMAN, SPARE THAT TREE ⋯⋯⋯⋯⋯⋯⋯⋯⋯⋯⋯⋯⋯⋯⋯ 182

R. Nichols
076　THE STRANGER ⋯⋯⋯⋯⋯⋯⋯⋯⋯⋯⋯⋯⋯⋯⋯⋯⋯⋯⋯⋯⋯⋯⋯ 186

A. Opie
077　THE ORPHAN BOY'S TALE ⋯⋯⋯⋯⋯⋯⋯⋯⋯⋯⋯⋯⋯⋯⋯⋯⋯⋯ 188

W. Owen
078　ANTHEM FOR DOOMED YOUTH ⋯⋯⋯⋯⋯⋯⋯⋯⋯⋯⋯⋯⋯⋯⋯ 192

E. A. Poe
079　ANNABEL LEE ⋯⋯⋯⋯⋯⋯⋯⋯⋯⋯⋯⋯⋯⋯⋯⋯⋯⋯⋯⋯⋯⋯⋯⋯ 194
080　ALPS ON ALPS ⋯⋯⋯⋯⋯⋯⋯⋯⋯⋯⋯⋯⋯⋯⋯⋯⋯⋯⋯⋯⋯⋯⋯ 198
081　ON A CERTAIN LADY AT COURT ⋯⋯⋯⋯⋯⋯⋯⋯⋯⋯⋯⋯⋯⋯ 200

A. Rich
- 082 AUNT JENNIFER'S TIGERS ... 202

E. A. Robinson
- 083 RICHARD CORY ... 204

C. Rossetti
- 084 A BIRTHDAY ... 206
- 085 A CHRISTMAS CAROL ... 208
- 086 A DUMB FRIEND ... 212
- 087 AFTER DEATH ... 216
- 088 JUNE ... 218
- 089 REMEMBER ... 220
- 090 UP-HILL ... 222
- 091 WHEN I AM DEAD, MY DEAREST ... 224

S. Sassoon
- 092 A LOCAL TRAIN OF THOUGHT ... 226

W. Scott
- 093 THE VIOLET ... 228

R. W. Service
- 094 GRAND-PÈRE ... 230

W. Shakespeare
- 095 SONNET 18 ... 232

P. B. Shelley
- 096 A SONG ... 234

E. Spenser

| 097 | MY LOVE IS LIKE TO ICE | 236 |

J. M. Synge

| 098 | WINTER | 238 |

S. Teasdale

099	I SHALL NOT CARE	240
100	LET IT BE FORGOTTEN	242
101	LIKE BARLEY BENDING	244

A. Tennyson

102	BREAK, BREAK, BREAK	246
103	CROSSING THE BAR	248
104	RING OUT, WILD BELLS	250
105	SWEET AND LOW	254
106	THE BEE AND THE FLOWER	256

E. Waller

| 107 | ON A GIRDLE | 258 |

W. Whitman

| 108 | O CAPTAIN! MY CAPTAIN! | 260 |

J. G. Whittier

| 110 | IN SCHOOL DAYS | 264 |

W. Wordsworth

| 111 | LUCY | 268 |
| 112 | THE DAFFODILS | 270 |

113	THE RAINBOW	272
114	THE REVERIE OF POOR SUSAN	274
115	WE ARE SEVEN	276

E. Wylie

116	VELVET SHOES	282

W. B. Yeats

117	THE FALLING OF THE LEAVES	284
118	HE WISHES FOR THE CLOTHS OF HEAVEN	286
119	THE HEART OF WOMAN	288
120	THE LAKE ISLE OF INNISFREE	290
121	THE LOVER PLEADS WITH HIS FRIEND FOR OLD FRIENDS	292

An Anthology of
English and American Poems

영미명시선

THE OLD MOTHER

Poor old lady, set her aside—
Her children are grown, and her work is done;
True, in their service, her locks turned gray,
But shove her away, unsought, alone.

Give her a home, for decency's sake,
In some back room, far out of the way,
Where her tremulous voice cannot be heard—
It might check your mirth when you would be gay.

Strive to forget how she toiled for you
And cradled you oft on her loving breast—
Told you stories and joined your play,
Many an hour when she needed rest.

No matter for that—huddle her off;
Your friend might wince at her witty jest;
She is too old-fashioned, and speaks so plain—
Get her out of the way of the coming guest.

Once you valued her cheerful voice,
Her hearty laugh and her merry song;
But to ears polite they are quite too loud—
Her jokes too sharp, her tales too long.

So, poor old lady, hustle her off—
In her cheerless room let her sit alone;
She must not meet with your guests tonight,
For her children are grown and her work is done.

Anonymous

늙은 어머니

늙은 어머니는 안 됐지만 신경 쓰지 마—
아이들은 다 컸고, 할 일은 끝났어.
아이들 키우느라 머리칼이 반백이 된 건 사실이지만,
아무도 찾지 않는 곳에 홀로 내버려둬.

체면이 있으니 집은 하나 사서
거치적거리지 않게 뒷골방에 모셔 둬.
그래야 신나게 놀고픈 우리 기분을 깨는
그녀의 떨리는 말소리가 들리지 않게 돼.

지금까지 그녀가 널 위해 고생한 것 따위는 잊어버려.
사랑이 넘치는 가슴에 우리를 안고
쉬고 싶을 때도 여러 시간씩
이야기를 들려주고 함께 놀아준 일 따위는.

그게 어쨌다는 거야—어서 내보내.
재담한답시고 떨리는 목소리를 내면 친구들이 놀래.
그녀 이야기는 너무 낡고 썰렁해—
손님들 방해가 되지 않게 해.

고마운 때도 있었지, 그녀의 유쾌한 목소리가.
그녀의 따뜻한 웃음소리와 즐거운 노래가.
그렇지만 점잖은 분들 귀에는 목소리가 너무 커—
농담은 도가 지나치고, 이야기는 너무 길어.

그러니 안 됐지만 그녀를 어서 치워버려.
어둡고 칙칙한 방에 혼자 있게 내비려둬.
오늘밤 손님들이 보게 하면 안 돼.
아이들은 다 컸고, 할 일은 끝났으니까.

작자미상

THE TWA CORBIES

As I was walking all alane,
I heard twa corbies making a mane;
The tane unto the tother say,
"Where sall we gang and dine to-day?"

"In behint yon auld fail dyke,
I wot there lies a new slain kinght;
And naebody kens that he lies there,
But his hawk, his hound, and his lady fair.

"His hound is to the hunting gane,
His hawk to fetch the wild-fowl hame,
His lady's ta'en another mate,
So we may mak our dinner sweet.

Ye'll sit on his white hause-bane,
And I'll pike out his bonny blue een;
Wi ae lock o his gowden hair
We'll theek our nest when it grows bare.

"Mony a one for him makes mane,
But nane sall ken where he is gane
O'er his white banes when they are bare,
The wind sall blaw for evermair."

Anonymous

두 마리의 갈까마귀

아무도 없는 곳을 홀로 걸어가다
두 마리의 갈까마귀가 낮은 소리로 말하는 것을 들었다.
한 녀석이 다른 녀석에게 말하기를,
"오늘은 어딜 가서 한상 벌린담?"

"저기 오래된 잔디 제방 뒤편에
갓 살해된 기사가 하나 누워있는 곳을 아는데,
그가 거기 누워있는 것을 아는 건
그의 매와, 그의 사냥개와 그의 예쁜 마님뿐이지.

"그의 사냥개는 사냥을 나갔고,
그의 매는 들새들을 물어오려고 나가 있고,
마님은 새 애인이 생겼고,
해서 우린 맛난 향연을 벌일 수 있다네.

"자넨 그의 흰 목뼈를 자시면 되고,
나는 그의 예쁜 파란 눈을 파먹을 걸세.
우리 둥지가 망가지면
그의 금빛 머리칼로 지붕을 이으면 되지.

"많은 사람이 기사의 죽음을 슬퍼하지만
그가 누워있는 곳은 아무도 모르고,
맨 뼈만 남게 되면 그 백골 위로
언제까지나 바람만 불고 있을 걸세."

작자 미상

THE MOTHER'S DREAM

I'd a dream tonight
As I fell asleep,
Oh! the touching sight
Makes me still to weep;
Of my little lad,
Gone to leave me sad,
Ay, the child I had,
But was not to keep.

As in heaven high,
I my child did seek,
There, in train, came by
Children fair and meek,
Each in lily-white,
With a lamp alight;
Each was clear to sight,
But they did not speak.

Then, a little sad,
Came my child in turn,
But the lamp he had,
Oh! it did not burn;
He, to clear my doubt,
Said, half turn'd about,
"Your tear put it out;
Mother, never mourn."

W. Barnes

엄마의 꿈

오늘밤 잠들었을 때
꿈을 꾸었지요.
아! 그 애처로운 광경을 생각하면
지금도 내 눈은 흐려집니다.
슬픔 속에 나를 두고 간
우리 아가의 꿈을.
내 아기였으나 키우지 못한
아! 우리 아가의 꿈을.

    높은 하늘에서
    아가를 찾았을 때 내 앞으로
    백합처럼 흰 옷에
    불이 켜진 등을 든
    양순하고 예쁜
    애들이 지나갔습니다.
    하나같이 모습은 또렷했으나
    아무도 말은 하지 않았습니다.

그때 약간 슬퍼 보이는 우리 아가가
차례가 되어 내 앞을 지나갔습니다.
그러나 손에 든 그 등불은
아! 어찌된 까닭인지 꺼져있었습니다.
아가는 내 의심을 풀기나 하려는 듯
반쯤 돌아서서 말했습니다.
"엄마 눈물이야, 이 불을 끈 건.
엄마, 울지 마."

W. 반즈

PINE TREES

Down through the heart of the dim woods
The laden, jolting waggons come.
Tall pines, chained together,
They carry; stems straight and bare,
Now no more in their own solitudes
With proud heads to rock and hum;
Now at the will of men to fare
Away from their brethren, their forest friends
In the still woods; through wild weather
Alone to endure to the world's ends:
Soon to feel the power of the North
Careering over dark waves' foam;
Soon to exchange for the steady earth
Heaving decks; for the scents of their home,
Honeyed wild-rhyme, gorse, and heather,
The sting of the spray, the bitter air.

L. Binyon

소나무

어둑어둑한 숲 속을
한데 묶인 큰 소나무들을 싣고
터덜거리며 수레가 내려온다.
가지는 잘리고 벗겨져 줄기들은 더 이상
고고히 홀로 서서 자랑스러운 머리를
흔들며 흥얼거리지 못한다.
조용한 숲 속에서 함께 지내던 형제나 벗들과 헤어져
어딘지 모를 곳으로 인간에게 끌려간다.
거친 풍상을 헤치며
홀로이 세상 끝까지 갈 것인가.
이제 곧 알게 되리라
검푸른 파도의 포말 위를 내달리는 북풍의 위력을.
이제 곧 단단한 대지 대신
솟아오르는 갑판을, 그리고 고향의 향기나
달콤한 사향초와 가시 금작화 향기 대신
칼 같은 물보라와 매서운 대기를 맛보게 되리라.

R. 비니언

ON ANOTHER'S SORROW

Can I see another's woe,
And not be in sorrow too?
Can I see another's grief,
And not seek for kind relief?

Can I see a falling tear,
And not feel my sorrow's share?
Can a father see his child
Weep, nor be with sorrow fill'd?

Can a mother sit and hear
An infant groan, an infant fear?
No, no! never can it be!
Never, never can it be!

And can He who smiles on all
Hear the wren with sorrows small
Hear the small bird's grief and care,
Hear the woes that infants bear—

And not sit beside the nest,
Pouring pity in their breast;
And not sit the cradle near,
Weeping tear on infant's tear;

And not sit both night and day,
Wiping all our tears away?
O, no! never can it be!
Never, never can it be!

남의 슬픔

남의 슬픔 보고
같이 슬퍼하지 않을 수 있을까?
남의 괴로움 보고
따뜻한 위안의 말 찾지 않을 수 있을까?

떨어지는 한줄기 남의 눈물을 보고
같이 그 슬픔 나누지 않을 수 있을까?
자기 아기 우는 것 보고
슬픔에 잠기지 않을 아버지가 있을까?

신음하는 아가 옆에, 두려워하는 아가 옆에
태연히 앉았을 엄마가 있을까?
아니지, 아니지! 결코 그럴 순 없어!
결코, 결코 그럴 순 없어!

우리들 모두에게 미소 짓는 하나님께서
슬픔과 근심에 싸여 울고 있는
작은 굴뚝새의 울음소리와
괴로워 우는 아가의 울음소릴 들으시고—

둥지 옆에 앉아
요람 옆에 앉아
새들 가슴에 연민을 쏟아 붓지도 않고
어린아이와 함께 우시지도 않고

밤낮 우리 옆에서
흐르는 눈물 닦아주지 않고 계실 수가 있을까?

아니지, 아니지! 결코 그럴 순 없어!
결코, 결코 그럴 순 없어!

25   He doth give His joy to all;
        He becomes an infant small;
        He becomes a man of woe:
        He doth feel the sorrow too.

        Think not thou canst sigh a sigh,
30   And thy Maker is not by:
        Think not thou canst weep a tear,
        And thy Maker is not near.

        O! He gives to us His joy
        That our grief He may destroy;
35   Till our grief is fled and gone
        He doth sit by us and moan.

W. Blake

하나님은 그의 기쁨 모두에게 주시며,
작은 어린아이 되어
슬픔에 잠긴 사람이 되어
그들과 함께 슬픔을 나누신다.

하나님 모르시게
한숨 쉴 수 있다는 생각을 말 것이,
하나님 모르시게
울 수 있다는 생각을 말 것이

아! 그는 그의 기쁨 우리 모두에게 주셔
우리 슬픔 사라지는 까닭이기에.
우리 괴로움 가실 때까지 우리 옆에 앉으셔
함께 괴로워하시는 까닭이기에.

W. 블레이크

THE TIGER

Tiger, tiger, burning bright
In the forests of the night,
What immortal hand or eye
Could frame thy fearful symmetry?

In what distant deeps or skies
Burnt the fire of thine eyes?
On what wings dare he aspire?
What the hand dare seize the fire?

And what shoulder and what art
Could twist the sinews of thy heart?
And, when thy heart began to beat,
What dread hand and what dread feet?

What the hammer? What the chain?
In what furnace was thy brain?
What the anvil? What dread grasp
Dare its deadly terrors clasp?

When the stars threw down their spears,
And water'd heaven with their tears,
Did He smile His work to see?
Did He who made the lamb make thee?

Tiger, tiger, burning bright
In the forests of the night,
What immortal hand or eye
Dare frame thy fearful symmetry?

W. Blake

호랑이

호랑이여! 한밤중 숲 속에서
환하게 눈이 불타는 너 호랑이여!
어떤 불멸의 손과 눈이
무섭도록 완벽한 네 자태를 만들었는가?

어느 먼 바다나 하늘에서
네 눈은 불탔는가?
신은 어떤 날개를 타고 하늘로 올라가
무슨 손으로 그 불길을 잡았는가?

무슨 힘과 재주로
네 심장의 힘줄을 꼬아냈는가?
그리고 그 심장이 뛰기 시작했을 때
어떤 무서운 손과 발이 네 몸을 만들었는가?

어떤 해머로, 어떤 쇠사슬로
어떤 용광로와 모루로
네 골을 다졌는가? 어떤 무서운 힘이
공포의 너를 움켜잡았는가?

별들이 창을 던지고
하늘을 그들의 눈물로 적실 때
신은 스스로 만드신 너를 보고 미소를 지으셨는가?
양순한 양을 만드신 그분이 정말로 너를 만드셨는가?

호랑이여! 한밤중 숲 속에서
환하게 눈이 불타는 너 호랑이여!
어떤 불멸의 손과 눈이
무섭도록 완벽한 네 자태를 만들었는가?

W. 블레이크

FROM A STUDY WINDOW

Wave at my window, my green friends,
Sweet summer leaves, till night descends.

Refresh my eyes, release my thought
That moils here like an insect caught.

For you can dance and you can play
With every breeze that comes this way;

For you can meet the lightest air
That passes—then what grace is there!

The sunlight suddenly arrives,—
The diamond sunbeam, it revives,—

And you, good leaves, as soon reply
And wed the sunshine. The wise fly

Comes then and lodges on your breast,
And leaf and light rejoice this guest.

Of nature I know less and less,
But green leaves sometimes let me guess.

E. Blunden

서재의 창가에서

춤추어라, 창가에서, 푸르고 아름다운
내 여름 친구들이여, 어둠이 내릴 때까지.

내 눈을 씻어주고, 붙잡힌 곤충처럼 버둥거리는
내 잡념들을 풀어다오.

산들바람 불 때마다
너 춤추며 노니나니,

지나가는 하늬바람에 너희들
흔들릴 때—아! 그 우아한 모습!

갑자기 쏟아지는 햇빛에
보석을 뿌린 듯 눈부신 햇살이 되살아나면

너희들 싱그러운 잎은 금세 그 빛들과
어울려 노닌다. 그때 영리한 파리가

너희들 가슴 위에 올라앉으면
잎과 빛이 이 나그네를 즐겁게 해준다.

자연은 점점 알기 어려워지지만
푸른 잎을 보고 있으면 가끔 알 듯도 하다.

E. 블란든

008 THE NIGHT HAS A THOUSAND EYES

1   The night has a thousand eyes,
        And the day but one;
    Yet the light of the bright world dies
        With the dying sun.

5   The mind has a thousand eyes,
        And the heart but one;
    Yet the light of a whole life dies
        When love is done.

F. W. Bourdillon

밤에는 천 개의 눈이

밤에는 천 개의 눈이 빛나나
    낮에는 하나뿐,
그러나 지는 해와 더불어
    온 누리의 빛은 사라져 버린다.

마음에는 천 개의 눈이 있으나
    가슴에는 하나뿐,
그러나 사랑이 끝나면
    온 생명의 빛은 사라져 버린다.

F. W. 버딜리언

POPPY GROWS UPON THE SHORE

A poppy grows upon the shore,
Bursts her twin cup in summer late:
Her leaves are glaucous-green and hoar,
Her petals yellow, delicate.

Oft to her cousins turns her thought,
In wonder if they care that she
Is fed with spray for dew, and caught
By every gale that sweeps the sea.

She has no lovers like the red,
That dances with the noble corn:
Her blossoms on the waves are shed,
Where she stands shivering and forlorn.

R. Bridges

바닷가에 핀 양귀비 꽃

늦은 여름 바닷가에 양귀비 한 송이
꽃받침 두 잎을 활짝 벌리고 있다.
거친 잎은 청록색,
가냘픈 꽃잎은 노란색.

자주 친구들 생각을 한다.
그녀가 이처럼 이슬 대신 물보라를 마시고
바다를 휩쓰는 강풍 속에 버티고 서 있는 것을
그들은 걱정하고 있을까.

고귀한 밀과 춤추는 빨간 친구와 달리
그녀는 애인도 없다.
버림받고 쓸쓸히 떨며 선 채
그녀의 꽃잎들만 파도 위에 흩날릴 뿐.

R. 브리지즈

THE SOLDIER

If I should die, think only this of me:
That there's some corner of a foreign field
That is for ever England. There shall be
In that rich earth a richer dust concealed;
A dust whom England bore, shaped, made aware,
Gave, once, her flowers to love, her ways to roam,
A body of England's, breathing English air,
Washed by the rivers, blest by suns of home.

And think, this heart, all evil shed away,
A pulse in the eternal mind, no less
Gives somewhere back the thoughts by England given;
Her sights and sounds; dreams happy as her day;
And laughter, learnt of friends; and gentleness,
In hearts at peace, under an English heaven.

R. Brooke

병사

내 만약 죽거든 이것만을 기억해다오.
어느 낯선 외국 들판에
영원히 영국 것인 한 치의 땅이 있고,
그 비옥한 땅에 더 기름진 흙 한 줌이 있을 것임을.
영국이 낳고 키워주고 철들게 한 그 한 줌의 흙,
영국은 그를 위해 사랑할 꽃과, 거닐 길을 주었고,
냇가에서 목욕하고 고향의 즐거운 햇볕 쪼이며,
영국의 대기를 호흡한 몸뚱이를 주었다.

그리고 또 기억해다오. 모든 악이 닳아 벗겨진 이 마음,
영원한 정신 속의 이어질 고동은
어디서 언젠가 조국이 준 생각을 그대로 갚을 것임을.
영국의 경치와 소리들, 낮처럼 행복한 꿈들, 벗으로부터 배운 웃음,
그리고 영국의 하늘밑 평화로운 마음에 깃들었던 온화함을
받은 것 못지않게 갚을 것임을.

R. 부룩

IF THOU MUST LOVE ME

If thou must love me, let it be for naught
Except for love's sake only. Do not say,
'I love her for her smile—her look—her way
Of speaking gently,—for a trick of thought
That falls in well with mine, and certes brought
A sense of pleasant ease on such a day'—
For these things in themselves, Beloved, may
Be changed, or change for thee,—and love, so wrought,
May be unwrought so. Neither love me for
Thine own dear pity's wiping my cheeks dry:
A creature might forget to weep, who bore
Thy comfort long, and lose thy love thereby!
But love me for love's sake, that evermore
Thou mayst love on, through love's eternity.

E. B. Browning

그대 만약 나를 사랑해야 한다면

그대 만약 나를 사랑해야 한다면
오로지 사랑을 위해서만 사랑해 주세요.
"그대 미소가 아름다워—그대 모습과 그대 상냥한
말씨가 예뻐—내 생각과 그대 생각 잘 어울리며, 어떤 날
내 마음에 기쁨을 가져다 준 그대 생각 신통해
그대를 사랑한다"고는 말아 주세요.
이런 것들은, 그대여, 제 스스로 변할 수 있고
또는 그대 편에서 변할 수도 있으니—그렇게 얻어진 사랑은
또 그렇게 잃어버릴 수도 있는 거지요. 내 볼에 흐르는
눈물 닦아주는 그대 연민 때문에 날 사랑한다고도 말아 주세요.
그대의 사랑 오래 지니면 나는 우는 것을 잊고
그리하여 당신도 사랑을 잊게 되겠지요.
오로지 사랑을 위해서만 사랑해 주세요.
영원히 그대 날 사랑할 수 있도록.

E. B. 브라우닝

HOME-THOUGHTS, FROM ABROAD

Oh, to be in England
Now that April's there,
And whoever wakes in England
Sees, some morning, unaware,
That the lowest boughs and the brush-wood sheaf
Round the elm-tree bole are in tiny leaf,
While the chaffinch sings on the orchard bough
In England—now!

And after April, when May follows,
And the whitethroat builds, and all the swallows—
Hark! where my blossomed pear-tree in the hedge
Leans to the field and scatters on the clover
Blossoms and dewdrops—at the bent-spray's edge—
That's the wise thrush; he sings each song twice over,
Lest you should think he never could recapture
The first fine careless rapture!
And though the fields look rough with hoary dew,
All will be gay when noontide wakes anew
The buttercups, the little children's dower,
—Far brighter than this gaudy melon-flower!

R. Browning

타향에서의 고향 생각

사월이 한창일 그 곳
아! 내 고향 영국에 있고 싶구나.
누구나 보게 되리, 어느 아침
그 곳에서 무심코 눈 뜨는 이면.
방울새가 과수원 가지 위서 지저귈 때,
낮게 드리운 나무 가지며, 느티나무 주변의 잡목들이
파아랗게 물들고 있음을.
아! 지금 영국에 있다면.

사월이 가고 오월이 오면,
휘파람새와 제비들 둥지를 튼다.
들어라! 휘어 굽어진 가지 끝에서,
들판 클로버 위에 꽃과 이슬을 흩날리는
울타리 위 꽃핀 배나무 위에서 들리는 저 소리.
저건 똑똑한 지빠귀 노래. 같은 노랠 두 번씩 부르나니,
아마도 먼저 부른 아름답고 마음 편한 노래
다시는 못 부른다 할까 염려함인가!
비록 들판은 흰서리에 거칠어 보이나
한낮 햇살이 비출 때면 모든 것 즐거워 보이리.
아이들의 장난감 미나리아재비도
—야한 이 멜론 꽃보담 훨씬 아름다우니.

R. 브라우닝

SUMMUM BONUM

All the breath and the bloom of the year in the bag of one bee:
    All the wonder and wealth of the mine in the heart of one gem:
In the core of one pearl all the shade and the shine of the sea:
    Breath and bloom, shade and shine,—wonder, wealth, and—
        how far above them—
    Truth, that's brighter than gem,
    Trust, that's purer than pearl,—
Brightest truth, purest trust in the universe—all were for me
    In the kiss of one girl.

R. Browning

최고의 선

한 해의 모든 향기와 꽃은 벌 한 마리의 꿀통 속에 모두 들어있고,
    광산의 모든 신비와 부귀는 하나의 보석 속에 들어있으며,
바다의 모든 빛과 그림자는 하나의 진주 안에 들어있다.
    꽃과 향기, 빛과 그림자, 신비와 부귀, 이들보다 훨씬 위대한 것은
    보석보다 더 밝은 진리,
    진주보다 더 순수한 신뢰,—
그러나 나에게 가장 밝은 진리와 가장 순수한 신뢰는
    한 소녀의 키스 속에 있었느니.

R. 브라우닝

MY HEART'S IN THE HIGHLANDS

My heart's in the Highlands, my heart is not here;
My heart's in the Highlands a-chasing the deer;
Chasing the wild deer and following the roe,
My heart's in the Highlands, wherever I go.
Farewell to the Highlands, farewell to the North,
The birth-place of valour, the country of worth;
Wherever I wander, wherever I rove,
The hills of the Highlands for ever I love.

Farewell to the mountains, high covere'd with snow;
Farewell to the straths and green valleys below;
Farewell to the forests and wild-hanging woods;
Farewell to the torrents and loud-pouring floods.
My heart's in the Highlands, my heart is not here;
My heart's in the Highlands a-chasing the deer;
Chasing the wild deer, and following the roe,
My heart's in the Highlands, wherever I go.

R. Burns

내 마음 북녘 고향땅에

내 마음은 이곳 아닌 북녘 고향땅에 있다네.
내 마음은 북녘 땅에서 사슴을 쫓고 있다네.
야생 사슴과 노루를 쫓고 있다네.
어딜 가든 내 마음은 고향땅에 있다네.
고향땅이여 잘 있으라, 북녘 땅이여 잘 있으라.
용기가 솟아나는 곳, 귀한 땅이여,
어딜 방황하든, 어디서 헤매고 있든
난 고향땅 언덕을 영원히 사랑하리.

잘 있으라, 눈 덮인 높은 산들이여,
잘 있으라, 발밑 골짜기와 푸른 계곡들이여,
잘 있으라, 산림과 숲이여,
잘 있으라, 소리 높이 흐르는 골짜기 개울이여,
내 마음은 이곳 아닌 북녘 고향땅에 있다네.
내 마음은 북녘 땅에서 사슴을 쫓고 있다네.
야생 사슴과 노루를 쫓고 있다네.
어딜 가든 내 마음은 고향땅에 있다네.

R. 번스

MY LUVE

O My Luve's like a red, red rose,
    That's newly sprung in June:
O My Luve's like the melodie
    That's sweetly played in tune!

As fair art thou, my bonnie lass,
    So deep in luve am I:
And I will luve thee still, my dear,
    Till a' the seas gang dry:

Till a' the seas gang dry, my dear,
    And the rocks melt wi' the sun;
O I will luve thee still, my dear,
    While the sands o' life shall run.

And fare thee weel, my only Luve!
And fare thee weel a while!
And I will come again, my Luve,
    Though it were ten thousand mile.

R. Burns

내 사랑

오, 내 사랑은 유월에 갓 피어난
　　붉고 붉은 장미와 같고,
오, 내 사랑은 감미로이 연주되는
　　멜로디와도 같다.

그토록 그대 아름다워
　　나 그대에게 반했단다, 아가씨야.
바다란 바다가 다 마르도록
　　난 너를 사랑한단다.

바닷물이 마르도록, 내 사랑아.
　　햇볕에 바위가 녹아버릴 때까지, 나의 사랑아.
난 너를 사랑한단다,
　　내가 살아있는 한.

그럼 안녕, 내 하나뿐인 사랑이여.
　　헤어지는 잠시 동안 잘 있으라.
비록 천리를 가더라도 난
　　다시 너에게 돌아오리니, 내 사랑이여.

　　　　　　　　　　　　　　　R. 번스

ON SEEING A WOUNDED HARE LIMP BY ME, WHICH A FELLOW HAD JUST SHOT

Inhuman man! curse on thy barb'rous art,
    And blasted be thy murder-aiming eye;
    May never pity soothe thee with a sigh,
Nor ever pleasure glad thy cruel heart!

Go, live, poor wanderer of the wood and fields,
    The bitter little that of life remains;
    No more the thickening brakes and verdant plains
To thee shall home, or food, or pastime yield.

Seek, mangled wretch, some place of wonted rest,
    No more of rest, but now thy dying bed!
    The sheltering rushes whistling o'er thy head,
The cold earth with thy bloody bosom prest.

Perhaps a mother's anguish adds its woe;
    The playful pair crowd fondly by thy side:
    Ah, helpless nurslings! who will now provide
That life a mother only can bestow?

Oft as by winding Nith, I, musing, wait
    The sober eve, or hail the cheerful dawn,
    I'll miss thee sporting o'er the dewy lawn,
And curse the ruffian's aim, and mourn thy hapless fate.

R. Burns

절룩거리며 내 옆을 지나가는 총에 맞은 토끼를 보고

사람도 아닌 네놈의 잔인한 총질과
　　살의에 찬 네 눈에 저주 있으라!
　　결코 연민이 네놈을 위로하는 일이 없고
결코 즐거움이 잔인한 네놈의 가슴을 기쁘게 하는 일이 없기를!

숲과 들판의 불쌍한 방랑자여,
　　어서 가서 얼마 남지 않은 고통스런 그대 삶을 다하라.
　　더는 울창한 덤불과 푸른 들판이
그대에게 안식처와 먹을 것과 놀잇감을 주지 못할 것이니.

상처 입은 그대, 늘 찾던 안식처를 구하라.
　　그러나 그곳은 더 이상 안식처는 아닌 그대 죽을 자리!
　　그대 머리 위엔 감싸주는 골풀이 부스럭거리고
차가운 땅은 피 묻은 그대 가슴에 눌려 있으리.

아픈 상처에 엄마의 근심이 더해지리라.
　　장난기 많은 새끼 두 마리 다정히 엄마 옆에 쪼그리고 앉았으리라.
　　아, 불쌍한 젖먹이들! 엄마만이 줄 수 있는 생명을
뉘라서 줄 수 있단 말인가!

굽이쳐 흐르는 니스 강 옆에 생각에 잠겨 자주 앉아
　　조용한 저녁을 맞고 기쁜 새벽을 환호할 때
　　이슬에 젖은 잔디 위에서 뛰노는 그대 모습을 보지 못하리니
그 악당을 저주하고, 그대의 불운을 애도하노라.

　　　　　　　　　　　　　　　　　　R. 번스

017   **THE BANKS O' DOON**

1   Ye flowery banks o' bonnie Doon,
        How can ye bloom sae fair!
    How can ye chant, ye little birds,
        And I sae fu' o' care!

5   Thou'll break my heart, thou bonnie bird
        That sings upon the bough;
    Thou minds me o' the happy days
        When my fause luve was true.

    Thou'll break my heart, thou bonnie bird
10   That sings beside thy mate,
    For sae I sat, and sae I sang,
        And wist na o' my fate.

    Aft hae I roved by bonnie Doon
        To see the woodbine twine;
15   And ilka bird sang o' its love,
        And sae did I o' mine.

    Wi' lightsome heart I pu'd a rose,
        Frae aff its thorny tree;
    Any my fause luver staw the rose,
20   But left the thorn wi' me.

                                    R. Burns

두운강의 언덕

두운강 언덕에는
　　어쩌면 저토록 예쁜 꽃이 피었을까!
어쩌면 새들의 노래는 저처럼 즐거울까.
　　이토록 나는 시름에 겨웠는데!

가지 위에서 노래하는 너 예쁜 새야
　　네 노랜 내 애를 끊나니,
네 노랜 날 배반한 내 옛사랑 아직 참되었을
　　행복했던 그날을 되살려 주나니.

네 짝 옆에서 노래하는 너 예쁜 새야
　　네 노랜 내 애를 끊는구나.
내 운명 몰랐던 나도 너처럼
　　내 짝 옆에 앉아 노래를 불렀으니.

서로 얽혀 노니는 담장이 넝쿨 보려고
　　아름다운 두운강 언덕을 거닐었지.
새마다 제 사랑을 노래하고
　　나도 내 사랑을 노래했단다.

가시 많은 가지로부터 유쾌한 마음으로
　　난 장미를 꺾었고
내 거짓 사랑은 그 장미를 훔치고
　　내겐 가시만 남겨 놓았단다.

R. 번스

SHE WALKS IN BEAUTY

She walks in beauty, like the night
    Of cloudless climes and starry skies;
And all that's best of dark and bright
    Meet in her aspect and her eyes:
Thus mellow'd to that tender light
    Which heaven to gaudy day denies.

One shade the more, one ray the less,
    Had half impair'd the nameless grace
Which waves in every raven tress,
    Or softly lightens o'er her face;
Where thoughts serenely sweet express
    How pure, how dear their dwelling-place.

And on that cheek, and o'er that brow,
    So soft, so calm, yet eloquent,
The smiles that win, the tints that glow,
    But tell of days in goodness spent,
A mind at peace with all below,
    A heart whose love is innocent!

G. G. Byron

아름답게 걷는 그녀

그녀는 아름답게 걷는다, 마치
　　구름 한 점 없는 하늘의 별밤처럼.
어둠과 빛의 가장 아름다운 것들이
　　그녀의 자태와 눈에 깃들어있다.
그리하여 환한 대낮엔 볼 수 없는
　　부드러운 빛으로 녹아있다.

그림자 하나를 더해도, 광채 한 가닥을 덜해도
　　형언할 수 없는 아름다움의 반은 사라진다.
칠흑 같은 머릿단에서 물결치는 아름다움이,
　　얼굴을 부드럽게 밝히는 기품이.
잔잔하고 감미로운 표정의 얼굴은
　　그 안에 거하는 한없이 순수하고 사랑스러운 마음을 보여준다.

그리고 그 볼과 이마 위에
　　부드럽고 고요하며 동시에 풍부한 표정의
마음 사로잡는 그 미소와 빛나는 뺨은
　　아름답게 보낸 지난날들과
지상에 있는 만물을 감싸는 평화로운 마음과
　　순수한 사랑이 들어있는 가슴을 보여준다.

G. G. 바이런

WHEN WE TWO PARTED

When we two parted
    In silence and tears,
Half broken-hearted,
    To sever for years,
Pale grew thy cheek and cold,
    Colder thy kiss;
Truly that hour foretold
    Sorrow to this!

The dew of the morning
    Sunk chill on my brow;
It felt like the warning
    Of what I feel now.
Thy vows are all broken,
    And light is thy fame:
I hear thy name spoken
    And share in its shame.

They name thee before me,
    A knell to mine ear;
A shudder comes o'er me—
    Why wert thou so dear?
They know not I knew thee
    Who knew thee too well:
Long, long shall I rue thee
    Too deeply to tell.

In secret we met:
    In silence I grieve

우리 둘이 헤어졌을 때

말없이 눈물 속에
　　우리 둘이 헤어졌을 때
오랜 이별 생각하니
　　가슴은 미어져
파리한 그대 볼 차갑고
　　키스는 더 차가웠지.
실로 그 때가
　　이 슬픔의 예고였으니!

내 이마에 내린
　　아침 이슬은 차가웠고
지금 이 슬픔의
　　전조였으니.
그대 맹세 모두 헛되고
　　그대 명성 덧없어라.
사람들 입에 오르내리는 그대 이름
　　나 또한 부끄럽구나.

그들이 내 앞에서 되뇌는 그대 이름
　　나에겐 조종과 같아
내 몸엔 소름이 끼치고―
　　왜 그대는 나에게 그리도 소중했던가?
그들은 내가 그대 알고 있음을 모른다네,
　　나는 그대를 너무도 잘 알고 있는 데.
오래 오래 그댈 원망하리라
　　형언할 수 없이.

남몰래 우리 만났을 때
　　그대 나를 잊고
날 배반할 수 있었음을

    That thy heart could forget,
        Thy spirit deceive.
    If I should meet thee
        After long years,
    How should I greet thee?—
        With silence and tears.

G. G. Byron

말없이 나는 슬퍼했네.
먼 훗날
　　내가 그댈 만나면
그땐 뭐라 인사할까?—
　　말없이 눈물로.

G. G. 바이런

THE RIVER OF LIFE

The more we live, more brief appear
    Our life's succeeding stages:
A day to childhood seems a year,
    And years like passing ages.

The gladsome current of our youth,
    Ere passion yet disorders,
Steals lingering like a river smooth
    Along its grassy borders.

But as the care-worn cheeks grow wan,
    And sorrow's shafts fly thicker,
Ye Stars, that measure life to man,
    Why seem your courses quicker?

When joys have lost their bloom and breath
    And life itself is vapid,
Why, as we reach the Falls of Death,
    Feel we its tide more rapid?

It may be strange—yet who would change
    Time's course to slower speeding,
When one by one our friends have gone
    And left our bosoms bleeding?

Heaven gives our years of fading strength
    Indemnifying fleetness;
And those of youth, a seeming length,
    Proportion'd to their sweetness.

T. Campbell

인생의 강

나이를 먹을수록
    세월은 더 짧아 보인다.
어린 시절 하루는 1년 같고
    1년은 까마득한 세월처럼 보인다.

즐거운 우리들 청춘의 강물은
    정열이 헤집어놓기 전에는
고요한 강물처럼
    풀 우거진 강가를 따라 조용히 흘러간다.

그러나 근심에 볼이 파리해지고
    슬픔의 화살이 더욱 촘촘히 날아들 때
인간의 생명을 가늠하는 너희들 별은
    어찌하여 걸음이 더 빨라지는가?

즐거움이 생기를 잃어
    사는 것 자체가 무미해지고,
우리가 죽음의 폭포에 다다랐을 때,
    어찌하여 인생의 흐름은 더 빨라 보이는가?

이상하게 여겨질지 모르지만—뉘라서
    시간의 흐름을 늦출 수 있단 말인가?
벗들이 하나 둘씩 우리 곁을 떠나
    우리들 가슴엔 피가 흐르는 데.

하늘은 쇠약해진 우리 기운을 메꿔주기 위해
    속도를 더해주고,
젊은 날엔 그 즐거움에 걸맞게
    시간이 길게 느껴지게 해준다.

T. 캠벨

021   SALLY IN OUR ALLEY

1   Of all the girls that are so smart
      There's none like pretty Sally;
    She is the darling of my heart,
      And she lives in our alley.
5   There is no lady in the land
      Is half so sweet as Sally;
    She is the darling of my heart,
      And she lives in our alley.

    Her father he makes cabbage-nets
10   And through the streets does cry 'em;
    Her mother she sells laces long
      To such as please to buy 'em:
    But sure such folks could ne'er beget
      So sweet a girl as Sally!
15   She is the darling of my heart
      And she lives in our alley.

    When she is by, O leave the work,
      I love her so sincerely;
    My master comes like any Turk,
20   And bangs me most severely—
    But let him bang his bellyful,
      I'll bear it all for Sally;
    She is the darling of my heart
      And she lives in our alley.

25   Of all the days that's in the week
      I dearly love but one day—
    And that's the day that comes betwixt
      A Saturday and Monday;

골목길의 샐리

세상에 영리한 아가씨가 많다고 해도
    우리 예쁜 샐리만한 아가씨는 없지요.
그녀는 내 애인
    그녀는 우리 골목길에 살지요.
온 나라에 상냥한 숙녀가 많다고 해도
    샐리에는 반도 못 미치지요.
그녀는 내 애인
    그녀는 우리 골목길에 살지요.

그녀의 아버지는 양배추 그물을 만들어
    거리로 소리치며 팔러 다니고,
그녀의 어머니는 긴 레이스를 만들어
    사주시는 분들께 팔지요.
그러나 그런 분들이라고 해서
    샐리처럼 상냥한 아가씨를 낳을 수 있는 건 아니지요.
그녀는 내 애인
    그녀는 우리 골목길에 살지요.

그녀가 곁에 있으면 일 따위는 못합니다.
    그처럼 진심으로 그녀를 사랑합니다.
그러면 주인아저씨는 터키 놈처럼 다가와서
    나에게 심한 매질을 하지요.
그러나 실컷 때리라지요,
    나는 샐리를 위해 모두 참아냅니다.
그녀는 내 애인
    그녀는 우리 골목길에 살지요.

한 주일 가운데서
    정말 좋은 것은 단 하루—
토요일과 월요일 사이에

> For then I'm drest all in my best
>   To walk abroad with Sally;
> She is the darling of my heart
>   And she lives in our alley.
>
> My master carries me to church,
>   And often am I blamed
> Because I leave him in the lurch
>   As soon as text is named;
> I leave the church in sermon time
>   And slink away to Sally;
> She is the darling of my heart
>   And she lives in our alley.
>
> When Christmas comes about again
>   O then I shall have money;
> I'll hoard it up, and box it all,
>   I'll give it to my honey:
> I would it were ten thousand pound,
>   I'd give it all to Sally;
> She is the darling of my heart
>   And she lives in our alley.
>
> My master and the neighbours all
>   Make game of me and Sally,
> And, but for her, I'd better be
>   A slave and row a galley;
> But when my seven long years are out
>   O then I'll marry Sally,—
> O then we'll wed, and then we'll bed⋯
>   But not in our alley!

H. Carey

끼어있는 일요일.
그 날엔 제일 좋은 옷을 입고
　　　샐리와 함께 거리에 나서지요.
그녀는 내 애인
　　　그녀는 우리 골목길에 살지요.

주인아저씨는 날 교회에 데리고 가서
　　　자주 야단을 치는데,
그도 그럴 것이 기도 제목을 가르쳐주자마자
　　　나는 설교 시간에
몰래 빠져나가 샐리한테 가서
　　　주인아저씨를 난처하게 만들기 때문이지요.
그녀는 내 애인
　　　그녀는 우리 골목길에 살지요.

크리스마스가 돌아오면
　　　아 그땐 내게 돈이 생기겠지요.
돈을 모았다가 몽땅 저금통에 넣고,
　　　내 애인한테 줄 겁니다.
만 파운드가 모이면 얼마나 좋을까요.
　　　몽땅 샐리에게 줄 겁니다.
그녀는 내 애인
　　　그녀는 우리 골목길에 살지요.

주인아저씨랑 이웃사람들은
　　　모두 나와 샐리를 놀립니다.
그러나 샐리가 없다면
　　　나는 차라리 노예선의 노예가 되는 편이 낫지요.
그러나 긴 7년의 세월이 지나면
　　　아 그땐 난 샐리와 결혼할 겁니다.
아 그때 우린 결혼해서 함께 잘 겁니다.
　　　이 골목에선 아니고요!

H. 케어리

THE BLIND BOY

O say what is that thing call'd Light,
    Which I must ne'er enjoy;
What are the blessings of the sight,
    O tell your poor blind boy!

You talk of wondrous things you see,
    You say the sun shines bright;
I feel him warm, but how can he
    Or make it day or night?

My day or night myself I make
    Whene'er I sleep or play;
And could I ever keep awake
    With me 'twere always day.

With heavy sighs I often hear
    You mourn my hapless woe;
But sure with patience I can bear
    A loss I ne'er can know.

Then let not what I cannot have
    My cheer of mind destroy:
Whilst thus I sing, I am a king,
    Although a poor blind boy.

C. Cibber

장님 소년

제가 결코 즐기지 못하는
    빛이라는 게 무엇인가요.
본다는 것의 기쁨은 무엇인가요.
    앞 못 보는 불쌍한 저에게 알려주세요.

여러분은 보고 있는 멋진 것에 대해 이야기 하고
    태양이 밝게 빛난다고 말합니다.
저도 따뜻한 햇볕을 느끼기는 하지만
    밤이 되고 낮이 되는 것은 무슨 조화인가요.

저에게는 자는 시간이 밤이고
    노는 시간이 낮입니다.
그러니 깨어있기만 하다면
    저에겐 언제나 낮이지요.

슬픈 제 처지를 깊은 한숨으로
    여러분이 동정하는 것을 자주 듣습니다.
그러나 뭐가 불행인지 알지 못하는 저는
    잘 참아냅니다.

그러니 제가 가질 수 없는 것으로
    제 마음의 기쁨 앗아가지 마세요.
이처럼 제가 노래를 부르고 있는 한
    비록 앞은 못 보나 저는 왕이랍니다.

C. 시버

THE WOOD-CUTTER'S NIGHT SONG

Welcome, red and roundy sun,
    Dropping lowly in the west;
Now my hard day's work is done,
    I'm as happy as the best.

Joyful are the thoughts of home,
    Now I'm ready for my chair,
So, till morrow-morning's come,
    Bill and mittens, lie ye there!

Though to leave your pretty song,
    Little birds, it gives me pain,
Yet tomorrow is not long,
    Then I'm with you all again.

If I stop, and stand about,
    Well I know how things will be,
Judy will be looking out
    Every now-and-then for me.

So fare-ye-well! and hold your tongues,
    Sing no more until I come;
They're not worthy of your songs
    That never care to drop a crumb.

All day long I love the oaks,
    But, at nights, yon little cot,
Where I see the chimney smokes,
    Is by far the prettiest spot.

벌목부의 저녁 노래

서편에 지는
    붉고 둥근 해여, 반갑다.
이제 고된 하루 일이 끝나고
    지금이 나에겐 가장 행복한 시간.

집 생각에 마음은 기쁨으로 가득
    이제 집에 가서 편히 의자에 앉으리.
그러니 너희 낫과 장갑은
    아침이 올 때까지 거기 있으라!

작은 새들이여, 잠시 너희들
    예쁜 노래 못 듣게 되는 건 괴롭지만
내일은 곧 다시 돌아오리니
    그땐 다시 너희와 같이 있게 되리라.

내가 가던 걸음을 멈추고 머뭇거리면
    어떤 일이 생길지 나는 안다.
이따금 주디는
    나를 찾아 나서겠지.

그러니 잘 있으라! 그리고
    내가 올 때까지 노래는 부르지 말아라.
빵 조각 하나 던져줄 생각 않는 사람들에게
    네 노랜 합당치 않다.

낮엔 온종일 참나무가 좋지만
    밤엔 굴뚝에서 연기를 내뿜는
저기 작은 오두막이
    이 세상에서 제일 좋은 곳.

Wife and children all are there,
    To revive with pleasant looks,
Table ready set, and chair,
    Supper hanging on the hooks.

Soon as ever I get in,
    When my faggot down I fling,
Little prattlers they begin
    Teasing me to talk and sing.

Welcome, red and roundy sun,
    Dropping lowly in the west;
Now my hard day's work is done,
    I'm as happy as the best.

Joyful are the thoughts of home,
    Now I'm ready for my chair,
So, till morrow-morning's come,
    Bill and mittens, lie ye there!

J. Clare

아내와 애들이 모두 거기 모여
  즐거운 표정으로 떠들어댄다.
식탁과 의자 준비는 끝나고
  저녁 식사는 화로 위에 걸려있다.

나뭇단을 내려놓고
  집에 들어서자마자
어린 옹알쟁이들이 달려와
  이야기와 노래를 조르지.

서편에 지는
  붉고 둥근 해여, 반갑다.
이제 고된 하루 일이 끝나고
  지금이 나에겐 가장 행복한 시간.

집 생각에 마음은 기쁨으로 가득
  이제 집에 가서 편히 의자에 앉으리.
그러니 너희 낫과 장갑은
  아침이 올 때까지 거기 있으라!

J. 클레어

"WHERE LIES THE LAND TO WHICH THE SHIP WOULD GO?"

Where lies the land to which the ship would go?
Far, far ahead, is all her seamen know.
And where the land she travels from? Away,
Far, far behind, is all that they can say.

On sunny noons upon the deck's smooth face,
Linked arm in arm, how pleasant here to race;
Or, o'er the stern reclining, watch below
The foaming wake far widening as we go.

On stormy nights when wild north-westers rave,
How proud a thing to fight with wind and wave!
The dripping sailor on the reeling mast
Exults to bear, and scorns to wish it past.

Where lies the land to which the ship would go?
Far, far ahead, is all her seamen know.
And where the land she travels from? Away,
Far, far behind, is all that they can say.

A. H. Clough

이 배가 가는 곳은 어디?

이 배가 가는 곳은 어디?
선원들이 아는 건 그저 "멀고 먼 저 앞".
이 배가 떠나온 곳은 어디?
선원들이 아는 건 그저 "멀고 먼 저 뒤".

햇빛 밝은 대낮 미끄러운 갑판 위를
팔에 팔을 끼고 걷는 이 기쁨.
앞으로 나아가는 배 뒤로 퍼져나가는 흰 포말을
배꼬리에 기대 앉아 내려다보는 이 기쁨.

북서풍 휘몰아치는 폭풍 이는 밤에,
바람과 파도와 싸우는 이 자랑스러움!
현기증 이는 마스트 위의 흠뻑 젖은 선원은
즐겁게 버티고 서서 폭풍우를 비웃는다.

이 배가 가는 곳은 어디?
선원들이 아는 건 그저 "멀고 먼 저 앞".
이 배가 떠나온 곳은 어디요?
선원들이 아는 건 그저 "멀고 먼 저 뒤".

A. H. 클라프

SONG

She is not fair to outward view
    As many maidens be;
Her loveliness I never knew
    Until she smiled on me.
O then I saw her eye was bright,
A well of love, a spring of light.

But now her looks are coy and cold,
    To mine they ne'er reply,
And yet I cease not to behold
    The love-light in her eye:
Her very frowns are fairer far
Than smiles of other maidens are.

H. Coleridge

노래

그녀는 보기에
    다른 많은 아가씨들처럼 예쁘진 않지요.
나는 그녀가 나에게 미소 지을 때까지
    그녀가 아름답다는 것을 알지 못했어요.
아 그때 나는 그녀의 눈에서 빛을 보았지요.
그것은 사랑의 샘, 빛의 원천이었습니다.

그러나 지금 그녀의 눈빛은 차갑고 새침하며,
    내 눈짓에 모른 척합니다.
그러나 나는 그녀의 눈에서
    여전히 빛을 봅니다.
그녀의 찡그린 얼굴마저 다른 아가씨들의 미소보다
훨씬 더 아름답습니다.

H. 콜리지

NO CHILD

I heard in the night the pigeons
    Stirring within their nest:
The wild pigeon's stir was tender,
    Like a child's hand at the breast.

I cried, "O, stir no more!
    (My breast was touched of tears),
O pigeons, make no stir—
    A childless woman hears."

P. Colum

죽은 아이

한밤중에 둥지에서 부스럭대는
    비둘기 소리를 들었습니다.
그 소리는 내 젖가슴을 더듬는
    아기 손길마냥 부드러웠습니다.

"더는 움직이지 마라"라고 소리쳤습니다.
    (그러자 내 가슴은 눈물로 젖어들었습니다).
"비둘기야, 제발 움직이지 마라,
    아기 잃은 엄마가 듣고 있잖니."

P. 콜럼

LAST NIGHT

I sat with one I love last night,
She sang to me an olden strain;
In former times it woke delight.
    Last night—but pain.

Last night we saw the stars arise,
But clouds soon dimm'ed the ether blue:
And when we sought each other's eyes
    Tears dimm'd them too!

We paced alone our fav'rite walk
But paced in silence broken-hearted:
Of old we used to smile and talk.
    Last night—we parted.

G. Darley

어젯밤

어젯밤 나는 사랑하는 이와 함께 앉아있었지.
그녀가 내게 불러준 옛 노래
전에는 기쁨이었지만
    어젯밤엔—고통이었네.

어젯밤 우리는 떠오르는 별을 보았지.
그러나 곧 파란 하늘은 구름에 흐려지고
우리가 서로의 눈을 바라보았을 때
    우리들 눈은 눈물로 흐려졌다네.

늘 걷던 길을 함께 걸었지만
가슴이 미어져 말없이 걸었다네.
전에는 웃으며 이야기를 나누었지만
    어젯밤엔—헤어졌다네.

G. 달리

THE EXAMPLE

Here's an example from
    A Butterfly;
That on a rough, hard rock
    Happy can lie;
Friendless and all alone
    On this unsweetened stone.

Now let my bed be hard,
    No care take I;
I'll make my joy like this
    Small Butterfly;
Whose happy heart has power
    To make a stone a flower.

W. H. Davies

교훈

여기 나비 한 마리의
　　교훈이 있다.
거칠고 단단한 바위 위에
　　친구도 없이 홀로
맛도 없는 돌 위에
　　행복하게 앉아 있다.

내 잠자리 딱딱한들
　　무슨 상관이랴.
내 기쁨 또한 이 작은
　　나비처럼 되리니.
네 작고 행복한 가슴은
　　돌을 꽃으로도 바꾸나니.

W. H. 데이비스

LEISURE

What is this life if, full of care,
We have no time to stand and stare.

No time to stand beneath the boughs
And stare as long as sheep or cows.

No time to see, when woods we pass,
Where squirrels hide their nuts in grass.

No time to see, in broad daylight,
Streams full of stars, like skies at night.

Not time to turn at Beauty's glance,
And watch her feet, how they can dance.

No time to wait till her mouth can
Enrich that smile her eyes began.

A poor life this if, full of care,
We have no time to stand and stare.

W. H. Davies

여유가 없다면

근심과 걱정으로 이 인생 가득 차
한가로이 서서 바라다 볼 여유가 없다면,

잎 무성한 나뭇가지 밑에 서서
암소와 양처럼 한가로이 바라다 볼 여유가 없다면,

단풍잎 쌓인 수풀 속 지날 때
다람쥐 풀 속에 개암 감추는 것 바라다 볼 여유가 없다면,

환한 대낮 햇빛 아래 흐르는 강물의 잔물결
밤하늘의 별인 양 빛나는 것 바라다 볼 여유가 없다면,

돌아서서 아름다운 여인의 눈짓 마주하고
또 그녀의 발이 춤추는 맵시 바라다 볼 여유가 없다면,

눈가에 생긴 그녀의 미소 입가로 번지는 걸
바라다 볼 여유가 없다면,

얼마나 초라할까 이 인생, 근심과 걱정으로 가득 차
바라다 볼 여유가 없다면.

W. H. 데이비스

THE FLY

How large unto the tiny fly
　　Must little things appear!—
A rosebud like a feather bed,
　　Its prickle like a spear;

A dewdrop like a looking-glass,
　　A hair like golden wire;
The smallest grain of mustard-seed
　　As fierce as coals of fire;

A loaf of bread, a lofty hill;
　　A wasp, a cruel leopard;
And specks of salt as bright to see
　　As lambkins to a shepherd.

W. de la Mare

파리

저 작은 파리에겐
    작은 물건들이 얼마나 크게 보일까!—
장미 봉오리는 깃털 이불,
    가시는 창 같아 보일 테지.

이슬방울은 거울,
    머리칼은 금빛 쇠줄,
작디작은 겨자씨도
    활활 타는 석탄처럼 보일 테지.

빵 조각은 높은 산,
    벌은 잔인한 표범,
소금 한 조각도
    목동 눈에 비친 어린 양처럼 희게 보일 테지.

W. 드 라 메어

THE FUNERAL

They dressed us up in black,
    Susan and Tom and me—
And, walking through the fields
    All beautiful to see,
With branches high in the air
    And daisy and buttercup,
We heard the lark in the clouds—
    In black dressed up.

They took us to the graves,
    Susan and Tom and me,
Where the long grasses grow
    And the funeral tree:
We stood and watched; and the wind
    Came softly out of the sky
And blew in Susan's hair,
    As I stood close by.

Back through the fields we came,
    Tom and Susan and me,
And we sat in the nursery together,
    And had our tea
And, looking out of the window,
    I heard the thrushes sing;
But Tom fell asleep in his chair,
    He was so tired, poor thing.

W. de la Mare

장례식

사람들은 우리에게 까만 옷을 입혀주었습니다.
    수잔과 톰과 나에게―
그리고 우린 들판을 걸어갔습니다.
    들판엔 높은 나무 가지와
들국화와 미나리아재비가 가득해
    정말 아름다웠습니다.
구름 속을 나는 종달새 소리도 들었습니다.
    까만 정장을 한 채.

사람들은 우리를 무덤으로 데리고 갔습니다.
    수잔과 톰과 나를.
거긴 풀이 무성하게 자라고
    주목도 있었습니다.
우리는 서서 지켜보았습니다.
    하늘에서 미풍이 불어와
바로 내 옆에 서 있는
    수잔의 머리칼을 날렸습니다.

다시 들판을 걸어 돌아왔습니다.
    톰과 수잔과 내가.
우리는 옹기종기 애들 방에 모여앉아
    차를 마셨습니다.
그리곤 창밖으로
    지저귀는 지빠귀를 내다보았습니다.
그러나 톰은 의자에서 잠들었고
    불쌍한 것이 너무 지쳤던 모양입니다.

W. 드 라 메어

I LIKE A LOOK OF AGONY

I like a look of Agony,
Because I know it's true—
Men do not sham Convulsion,
Nor simulate, a Throe—

The Eyes glaze once—and that is Death—
Impossible to feign
The Beads upon the Forehead
By homely Anguish strung.

E. Dickinson

나는 고뇌의 모습을 좋아한다

내가 고뇌의 모습을 좋아하는 것은
그것이 진실이기 때문.
인간은 경련을 가장하거나
격통을 흉내 내지는 못하나니.

일단 눈빛이 흐려지면—그것은 죽음—
수수한 고뇌가 꿰어놓는
구슬땀으로 이마를
거짓 꾸밀 수는 없으니.

E. 디킨슨

033   IF I CAN STOP ONE HEART FROM BREAKING

If I can stop one heart from breaking,
I shall not live in vain;
If I can ease one life the aching,
Or cool one pain,
Or help one fainting robin
Unto his nest again,
I shall not live in vain.

E. Dickinson

내 만약 한 사람의 상심을 막을 수 있다면

내 만약 한 사람의 상심을 막을 수 있다면
내가 헛되이 산 것은 아니리.
내 만약 한 생명의 고통을 덜어주거나
한 생명의 아픔을 식혀줄 수 있다면,
또는 죽어가는 한 마리 방울새를 도와
다시 둥지에 돌아갈 수 있게 해준다면
나 결코 헛되이 산 것은 아니리.

E. 디킨슨

NO RACK CAN TORTURE ME

No Rack can torture me—
My Soul—at Liberty—
Behind this mortal Bone
There knits a bolder One—

You cannot prick with saw—
Nor pierce with Scimitar—
Two Bodies—therefore be—
Bind One—The Other fly—

The Eagle of his Nest
No easier divest—
And gain the Sky
Than mayest Thou—

Except Thyself may be
Thine Enemy—
Captivity is Consciousness—
So's Liberty.

E. Dickinson

어떤 형틀로도 나를 고문할 수 없으니

어떤 형틀로도 나를 고문할 수 없을 터
내 영혼은 자유로우니.
육신의 뼈 뒤에는
더 강한 뼈가 접합되어 있어

톱으로 자를 수도
언월도로 뚫을 수도 없나니.
나는 두 개의 몸으로 이루어져
하나를 묶어도 다른 하나는 날아가 버린다.

독수리라 한들
그대보다 더 수월하게
둥지를 박차고 나가
창공을 차지할 수는 없다.

그대의 유일한 적수는
그대 자신.
속박은 생각 나름,
자유 또한 그러하나니.

E. 디킨슨

035   **THE MOUNTAIN**

1   The mountain at upon the plain
      In his eternal chair,
      His observation omnifold,
      His inquest everywhere.

5   The seasons prayed around his knees,
      Like children round a sire:
      Grandfather of the days is he,
      Of dawn the ancestor.

E. Dickinson

산

들판 위의 산은
영원의 의자에 앉아
사방을 둘러보며
곳곳을 샅샅이 살핀다.

아버지 곁에 둘러앉은 아이들처럼
사계절은 산 둘레에서 기도를 드린다.
그는 하루하루의 할아버지,
새벽의 조상이어라.

E. 디킨슨

WHEN I SAW YOU LAST, ROSE

When I saw you last, Rose,
    You were only so high;—
How fast the time goes!

Like a bud ere it blows,
    You just peeped at the sky,
When I saw you last, Rose!

Now your petals unclose,
    Now your May-time is nigh;—
How fast the time goes!

And a life,—how it grows!
    You were scarcely so shy,
When I saw you last, Rose!

In your bosom it shows
    There's a guest on the sly;
How fast the time goes!

Is it Cupid? Who knows!
    Yet you used not to sigh,
When I saw you last, Rose;—
    How fast the time goes!

H. A. Dobson

지난번 내가 너를 보았을 땐, 로즈야

지난번 내가 너를 보았을 땐, 로즈야 ,
    네 키는 요만밖에 안했었지.
흐르는 세월 빠르기도 하지!

피어나기 전 봉오리처럼
    너는 하늘을 엿보고 있었지,
지난번 내가 너를 보았을 땐, 로즈야 !

지금 네 꽃잎은 피어나고
    네 인생은 5월.
흐르는 세월 빠르기도 하지!

그런데 흐르는 세월—빠르기도 하지!
    너는 수줍어하는 아이가 아니었는데,
지난번 내가 너를 보았을 땐, 로즈야 !

네 가슴 속엔 남몰래
    누군가가 숨어들고.
흐르는 세월 빠르기도 하지!

큐피드일까? 누가 알랴!
    그러나 너는 지금처럼 한숨 쉬지 않았는데,
지난번 내가 너를 보았을 땐, 로즈야 —
    흐르는 세월 빠르기도 하지!

H. A. 도브슨

REQUESTS

I asked for Peace—
 My sins arose,
 And bound me close,
I could not find release.

I asked for Truth—
 My doubts came in,
 And with their din
They wearied all my youth.

I asked for Love—
 My lovers failed,
 And griefs assailed
Around, beneath, above.

I asked for Thee—
 And Thou didst come
 To take me home
Within Thy Heart to be.

D. M. Dolben

소망

평화를 소망했다—
    그러나 죄가 솟아올라
    나를 꽁꽁 묶었다.
나는 벗어날 수가 없었다.

진실을 소망했다—
    그러나 회의가 생겼고
    그것은 시끄러운 소음으로
내 청춘을 지치게 했다.

사랑을 소망했다—
    그러나 연인들은 나를 버렸고
    비탄이 나를 엄습했다,
위로, 아래로, 온통.

당신을 소망함에—
    당신은 진정 찾아오셔
    나를 데리고 가서
품에 안아주셨다.

D. M. 돌벤

AUNT HELEN

Miss Helen Slingsby was my maiden aunt,
And lived in a small house near a fashionable square
Cared for by servants to the number of four.
Now when she died there was silence in heaven
And silence at her end of the street.
The shutters were drawn and the undertaker wiped his feet—
He was aware that this sort of thing had occurred before.
The dogs were handsomely provided for,
But shortly afterwards the parrot died too.
The Dresden clock continued tickling on the mantelpiece,
And the footman sat upon the dining-table
Holding the second housemaid on his knees—
Who had always been so careful while her mistress lived.

T. S. Eliot

헬렌 이모

헬렌 슬링스비는 나의 독신 이모였습니다.
고급주택가 가까운 곳의 작은 집에 사셨습니다.
하인이 네 명이나 있었습니다.
이모가 돌아가셨을 때에는 하늘도 고요했고
그녀가 살던 거리 모퉁이도 조용했습니다.
셔터들은 내려졌고 장의사도 신발을 깨끗이 닦았습니다—
그는 이런 일이 처음이 아니라는 것을 알고 있었습니다.
개들에게는 먹이를 잔뜩 주었지만
얼마 뒤에 앵무새가 죽었습니다.
벽난로 위의 드레스덴 시계는 여전히 재깍거렸습니다.
그런데 하인이 두 번째 하녀를 무릎에 올려놓고
식탁 위에 앉아있었습니다—
주인 생전엔 그처럼 항상 조심성스러웠던 그가.

T. S. 엘리엇

CONCORD HYMN

By the rude bridge that arched the flood,
    Their flag to April's breeze unfurled,
Here once the embattled farmers stood,
    And fired the shot heard round the world.

The foe long since in silence slept;
    Alike the conqueror silent sleeps;
And Time the ruined bridge has swept
    Down the dark stream that seaward creeps.

On this green bank, by this soft stream,
    We set today a votive stone;
That memory may their deed redeem,
    When, like our sires, our sons are gone.

Spirit, that made those heroes dare
    To die, and leave their children free,
Bid Time and Nature gently spare
    The shaft we raise to them and thee.

R. W. Emerson

콩코드 찬가

물 위에 걸친 이 허름한 다리 옆에서
    4월의 미풍에 그들의 깃발은 나부꼈도다.
여기 한때 무장한 농부들이 서서
    온 세상 뒤흔든 총을 쏘았도다.

적은 오래 전에 말없이 잠들고
    승자 또한 고이 잠들었노라.
'시간'은 무너진 다리를 거무스레한 물결 따라
    저 아래 멀리 바다로 쓸어버렸노라.

이 조용한 물결 옆 푸른 제방 위에
    여기 오늘 비석을 세우노니,
우리의 조상처럼 우리 자손이 가버리는 날
    조상들의 공적 추억할 수 있기를.

자손들의 자유를 위해 용사들이
    죽음도 마다하지 않게 만들었던 영혼이시여,
'시간'과 '자연'에 명하사 용사들과 그대 위해 세우는 이 탑
    고이 간직케 하여 주옵소서.

R. W. 에머슨

040   **SUCCESS**

To laugh often and much;
to win the respect of intelligent people
and affection of children; to earn
the appreciation of honest critics and
endure the betrayal of false friends;
to appreciate beauty, to find the best
in others; to leave the world a bit
better, whether by a healthy child,
a garden patch or a redeemed
social condition; to know even
one life has breathed easier because
you have lived. This is to have
succeeded.

R. W. Emerson

성공

자주 그리고 많이 웃는 것;
현명한 사람들의 존경과
어린이들의 사랑을 받는 것;
정직한 비평가들에게 칭찬을 받고
그리고 거짓 친구의 배반을 참아내는 것;
아름다움을 즐기며, 남의 좋은 점을 찾아내는 것;
건강한 아기를 낳거나,
작은 화단을 가꾸거나,
또는 잘못된 것들을 바로잡아
세상을 조금 더 살기 좋게 만드는 것;
그리고 당신이 있어
어느 한 생명이 숨 쉬기가 더 편했다는 것을 알게 되는 것,
그것이 성공이다.

R. W. 에머슨

THE FABLE

The mountain and the squirrel
Had a quarrel,
And the former called the latter "Little Prig".
Bun replied,
"You are doubtless very big;
But all sorts of things and weather
Must be taken in together,
To make up a year
And sphere.
And I think it no disgrace
To occupy my place.
If I'm not so large as you,
You are not so small as I,
And not half so spry.
I'll not deny you make
A very pretty squirrel track;
Talents differ; all is well and wisely put;
If I cannot carry forests on my back,
Neither can you crack a nut."

R. W. Emerson

우화

산과 다람쥐가
싸움을 벌였다.
"요 건방진 놈아" 산의 호령.
꼬마도 지지 않고 소리친다.
"넌 틀림없이 크긴 커.
하지만 온갖 것들과
온갖 날씨를 한데 모아야
한 해가 되고
우주가 되지.
그러니 내가 이 자리를 차지하고 있는 것은
하나도 불명예가 아니야.
내가 너만큼 크지 못하면
너는 나만큼 작지도 못하고
내 반만큼도 약지 못하지.
네가 아름다운 다람쥐 길 만드는 걸
나는 부인하지 않겠어.
재주는 제각각 다른 것, 모든 건 제 자리에 잘 놓여있어.
내 잔등 위에 산림을 지어 나르지 못하듯
너는 개암을 까지도 못하잖니."

R. W. 에머슨

LITTLE BOY BLUE

The little toy dog is covered with dust,
    But sturdy and stanch he stands;
The little toy soldier is red with rust,
    And his musket molds in his hands.
Time was when the little toy dog was new.
    And the soldier was passing fair;
And that was the time when our Little Boy Blue
    Kissed them and put them there.

"Now don't you go till I come," he said,
    "And don't you make any noise!"
So, toddling off to his trundle bed,
    He dreamt of the pretty toys;
And, as he was dreaming, an angel song
    Awakened our Little Boy Blue—
Oh! the years are many, the years are long,
    But the little toy friends are true!

Ay, faithful to Little Boy Blue they stand,
    Each in the same old place,
Awaiting the touch of a little hand,
    The smile of a little face;
And they wonder, as waiting the long years through
    In the dust of that little chair,
What has become of our Little Boy Blue,
    Since he kissed them and put them there.

E. Field

작은 아가 블루

작은 장난감 개는 먼지로 덮여있습니다.
    그러나 그는 건장하고 충직하게 서 있습니다.
작은 장난감 병정은 녹이 슬어 빨갛게 되었습니다.
    그리고 손에 든 총엔 곰팡이가 가득 피었습니다.
작은 장난감 개도 새것인 때가 있었습니다.
    또 그 병정도 멋있게 예쁜 때가 있었습니다.
그건 작은 아가 블루가 그것들에 키스하고
    거기에 놓았을 때였습니다.

"자 내가 올 때까지 움직이면 안 돼.
    그리고 떠들지도 마!" 아가는 말했습니다.
그리곤 바퀴달린 침대로 아장아장 걸어가서
    예쁜 장난감들 꿈을 꾸었습니다.
그리고 아가가 꿈을 꾸고 있을 때 어떤 천사의 노래가
    작은 아가 블루의 잠을 깨웠습니다.
아! 그건 먼 옛일, 아주 오래된 일.
    그러나 장난감 동무들은 충실히 서 있습니다.

정말 그들은 작은 아가 블루에게 충실했습니다.
    모두 있던 그 자리에 서서
작은 그 손에 만져지기를 기다리고 있습니다.
    작은 얼굴의 미소를 기다리고 있습니다.
그리고 오랫동안을 그 작은 의자의
    먼지 속에서 기다리며, 수상쩍어 합니다.
자기들에게 키스하고 거기 놓고 간
    작은 아가 블루는 어떻게 되었는지를.

E. 필드

COME IN

As I came to the edge of the woods,
Thrush music—hark!
Now if it was dusk outside,
Inside it was dark.

Too dark in the woods for a bird
By sleight of wing
To better its perch for the night,
Though it still could sing.

The last of the light of the sun
That had died in the west
Still lived for one song more
In a thrush's breast.

Far in the pillared dark
Thrush music went—
Almost like a call to come in
To the dark and lament.

But no, I was out for stars;
I would not come in.
I meant not even if asked;
And I hadn't been.

R. Frost

들어오시라

내가 숲의 가장자리에 왔을 때
들으라!—저 지빠귀 소리.
밖은 땅거미가 지고
숲 속은 캄캄한 밤.

숲 속은 너무 어두워
새가 재치 있는 날갯짓으로
밤을 보낼 둥지 손볼 수도 없어,
다만 노래를 부를 수 있을 뿐.

이미 서쪽 하늘에 가라앉은 태양의
마지막 빛줄기가
노래 하나를 더 부를 수 있게
지빠귀 가슴에 살아있다.

나무들이 만들어내는 주랑의 어둠 속으로 멀리
지빠귀 노래가 번져 나간다.
마치 나더러 어둠 속으로 들어와
탄식의 노래를 부르라는 듯.

허나 그러기는 싫다. 나는 별을 찾아 밖에 있었다.
들어가지는 않을 것이다.
청해도 들어가지 않을 것이다.
또 그렇게 청하는 이도 없었다.

R. 프로스트

044   STOPPING BY WOODS ON A SNOWY EVENING

Whose woods these are I think I know.
His house is in the village though;
He will not see me stopping here
To watch his woods fill up with snow.

My little horse must think it queer
To stop without a farmhouse near
Between the woods and frozen lake
The darkest evening of the year.

He gives his harness bells a shake
To ask if there is some mistake.
The only other sound's the sweep
Of easy wind and downy flake.

The woods are lovely, dark and deep.
But I have promises to keep,
And miles to go before I sleep,
And miles to go before I sleep.

R. Frost

눈 내리는 저녁, 숲에서 걸음을 멈추고

이곳이 누구의 숲인지 내 알 듯하이.
헌데 그가 사는 집은 마을에 있다네.
내가 예서 가던 걸음 멈추고 그의 숲에 눈 쌓이는 광경
지켜보고 서 있는 걸 그는 보지 못하리.

일 년 중 가장 어두운 이 저녁
인근에 농가 한 채 없는 이 곳
숲과 얼어붙은 호수 사이에서
가던 걸음 멈추니 내 조랑말도 기이하다 여기리.

무슨 일이냐고 묻기나 하듯
내 말이 마구에 달린 종을 흔드네.
종소리 말고 들리는 건 순한 바람과 깃털 같은
눈 내리는 소리뿐.

숲은 아름답기도 하여라, 어둡고 그윽하게.
하지만 내게는 지켜야 할 약속들이 있고,
잠자리 들기 전에 가야 할 먼 길이 있나니,
잠자리 들기 전에 가야 할 먼 길이 있나니.

R. 프로스트

THE DEATH OF THE HIRED MAN

1   Mary sat musing on the lamp-flame at the table
Waiting for Warren. When she heard his step,
She ran on tip-toe down the darkened passage
To meet him in the doorway with the news
5   And put him on his guard. 'Silas is back.'
She pushed him outward with her through the door
And shut it after her. 'Be kind,' she said.
She took the market things from Warren's arms
And set them on the porch, then drew him down
10   To sit beside her on the wooden steps.

'When was I ever anything but kind to him?
But I'll not have the fellow back,' he said.
'I told him so last haying, didn't I?
"If he left then," I said, "That ended it."
15   What good is he? Who else will harbour him
At his age for the little he can do?
What help he is there's no depending on.
Off he goes always when I need him most.
"He thinks he ought to earn a little pay,
20   Enough at least to buy tobacco with,
So he won't have to beg and be beholden."
"All right." I say, "I can't afford to pay
Any fixed wages, though I wish I could."
"Someone else can." "Then someone else will have to."
25   I shouldn't mind his bettering himself
If that was what it was. You can be certain,
When he begins like that, there's someone at him
Trying to coax him off with pocket-money,—

머슴의 죽음

메리는 식탁에 앉아 등불을 쳐다보며
생각에 잠겨 워런을 기다리고 있었다. 그의 발자국 소리가 들리자
그녀는 어두운 복도를 발끝으로 달려 가
문간에서 그를 맞아 그 소식을 전하며 그에게 당부했다.
'사일러스가 돌아왔어요'라고 그녀가 말했다.
그녀는 그를 문 밖으로 밀어내고
등 뒤로 문을 닫으면서 그에게 말했다. '살갑게 대하세요.'
그녀는 그가 사가지고 온 물건들을 받아 현관에 놓고는
그를 끌어당겨
나무 층계의 자기 옆자리에 앉혔다.

'내가 언제 그에게 불친절한 적이 있었소?
그러나 이번엔 그 친구를 받아들일 수 없어요.
지난번 건초 베기 때도 내가 그에게 말하지 않았소.
"만약 이번에 여길 떠나면 마지막"이라고.
무슨 쓸모가 있다는 거요? 그 나이에
일도 못하는 그런 노인을 누가 받아주겠소?
그의 도움이라는 것도 믿을 수가 없어요.
제일 손이 필요할 땐 늘 떠난다니까.
한다는 말이 "적어도 담뱃값이라도 좀 벌어야
구차하게 남에게 손 내밀고
아쉬운 소리 하지 않을 테니"라고.
그러면 나는 말해주지요. "좋아요. 난 고정으로
월급을 줄 순 없어요, 그랬으면 좋겠지만."
"줄 사람이 있어요." "그럼 그 사람한테 가서 받아요."
그래서 정말 그의 신세가 나아진다면
난 상관없어요. 그가 그런 말을 하기 시작할 땐 틀림없이
용돈 몇 푼으로 그를 꾀어내는 사람이 있기 마련이에요.─

In haying time, when any help is scarce.
In winter he comes back to us. I'm done.'

'Sh! not so loud: he'll hear you,' Mary said.

'I want him to: he'll have to soon or late.'

'He's worn out. He's asleep beside the stove.
When I came up from Rowe's I found him here,
Huddled against the barn-door fast asleep,
A miserable sight, and frightening, too—
You needn't smile—I didn't recognize him—
I wasn't looking for him—and he's changed.
Wait till you see.'

                'Where did you say he'd been?'

'He didn't say. I dragged him to the house,
And gave him tea and tried to make him smoke.
I tried to make him talk about his travels.
Nothing would do: he just kept nodding off.'

'What did he say? Did he say anything?'

'But little.'

           'Anything? Mary, confess
He said he'd come to ditch the meadow for me.'

'Warren!'

             'But did he? I just want to know.'

'Of course he did. What would you have him say?

건초 베기 때 사람 손이 제일 아쉬울 때 그런다니까.
그러다가 겨울이 되면 돌아와요.
그 사람하곤 이젠 끝이에요."

'쉿! 큰 소리 내지 말아요. 그가 듣겠어요." 메리가 말했다.

'들어야 돼. 언젠간 듣게 해줄 거야.'

'그는 지쳤어요. 난로 옆에서 자고 있어요.
내가 로우 네 집에서 돌아와 보니 그가 있었어요.
헛간 문에 기댄 채 곤히 잠들어 있었어요.
애처롭기도 하고, 또 걱정도 되었어요.—
웃지 마세요.—처음엔 누군지 몰라봤어요.—
나는 그가 사일러스일거라고는 생각지도 못했고—몹시 변했어요.
보시면 아실 거예요.'

        '어딜 갔다 왔데요?'

'말 안 해요. 나는 그를 집으로 끌다시피 데리고 와서
차를 주고 담배도 줬어요.
지나온 이야기를 시켜 봤지만
말하려고 안 해요. 그냥 졸기만 해요.'

'뭐라고 그러는데? 그래 아무 말도 안 해요?'

'별로 안 해요.'

        '뭐라고 말했겠지. 메리, 솔직히 말해요.
목장에 도랑을 파러 왔다고 그랬겠지.'

'여보!'

        '틀림없이 그랬을 거야. 그저 알고 싶어서 하는 소리요.'

'물론 그랬어요. 아니면 뭐라고 하겠어요?

Surely you wouldn't grudge the poor old man
Some humble way to save his self-respect.
He added, if you really care to know,
He meant to clear the upper pasture, too.
That sounds like something you have heard before?
Warren, I wish you could have heard the way
He jumbled everything. I stopped to look
Two or three times—he made me feel so queer—
To see if he was talking in his sleep.
He ran on Harold Wilson—you remember—
The boy you had in haying four years since.
He's finished school, and teaching in his college.
Silas declares you'll have to get him back.
He says they two will make a team for work:
Between them they will lay this farm as smooth!
The way he mixed that in with other things.
He thinks young Wilson a likely lad, though daft
On education—you know how they fought
All through July under the blazing sun,
Silas up on the cart to build the load,
Harold along beside to pitch it on.'

'Yes, I took care to keep well out of earshot.'

'Well, those days trouble Silas like a dream.
You wouldn't think they would. How some things linger!
Harold's young college boy's assurance piqued him.
After so many years he still keeps finding
Good arguments he sees he might have used.
I sympathize. I know just how it feels
To think of the right thing to say too late.

설마 당신은 저 불쌍한 노인이 자존심을 지켜보려는
초라한 수단마저 용납지 않을 건 아니겠지요.
꼭 알고 싶다면 말하겠지만
그는 덧붙여 위 쪽 목장 청소도 할 작정이라고 했어요.
전에도 아마 그런 이야기를 했었지요?
여보, 그가 하는 말이 매사 뒤죽박죽이 된 모습을
봤어야 해요. 나는 그가 잠꼬대를 하지 않나 해서
두 번 세 번 그를 쳐다보기까지 했어요—
기분이 묘했어요.
계속 해럴드 윌슨 이야기를 하는 거예요.—생각나시지요.—
4년 전에 건초 베기 때 일하러 왔던 청년 말이에요.
지금은 대학을 나와 그 대학에서 가르치고 있어요.
사일러스는 그를 꼭 데려와야 한다고 그래요.
그와는 손발이 잘 맞는데요.
둘이 협력해서 이 농장을 판판하게 해놓겠다고 그래요.
이 일 저 일을 혼동하고 있는 그의 모습이라니!
그는 윌슨이 지나치게 공부에만 미쳐 있지만
마음에 드는 젊은이라고 그래요—생각나시지요,
7월 내내 뜨겁게 내려 쪼이는 태양 아래서
사일러스는 짐차 위에서 건초를 쌓고,
해럴드는 짐차 옆에서 건초를 퍼올리면서 둘이 싸우던 일을.'

'물론이지. 나는 듣지 않으려고 멀리 떨어져 있곤 했지만.'

'그때 일들이 사일러스를 꿈처럼 괴롭히는 거예요.
당신은 그렇게 생각지 않겠지만, 어떤 건 잊히지 않고 오래 남아요.
젊은 대학생 해럴드의 아는 체하는 꼴이 그를 다치게 했던 거지요.'
그렇게 오랜 세월이 지난 뒤에도 미처 생각지 못했던
좋은 생각을 떠올리고는 아쉬워해요.
알아요. 좋은 생각이 떠올라 왔는데 이미 때는
늦었을 때의 기분 알 수 있을 것 같아요.

Harold's associated in his mind with Latin.
He asked me what I thought of Harold's saying
He studied Latin like the violin
Because he liked it—that an argument!
85 He said he couldn't make the boy believe
He could find water with a hazel prong—
Which showed how much good school had ever done him.
He wanted to go over that. But most of all
He thinks if he could have another chance
90 To teach him how to build a load of hay—'

'I know, that's Silas' one accomplishment.
He bundles every forkful in its place,
And tags and numbers it for future reference,
So he can find and easily dislodge it
95 In the unloading. Silas does that well.
He takes it out in bunches like big birds' nest.
You never see him standing on the hay
He's trying to lift, straining to lift himself.'

'He thinks if he could teach him that, he'd be
100 Some good perhaps to someone in the world.
He hates to see a boy the fool of books.
Poor Silas, so concerned for other folk,
And nothing to look backward to with pride,
And nothing to look forward to with hope,
105 So now and never any different.'

Part of a moon was falling down the west,
Dragging the whole sky with it to the hills.
Its light pored softly in her lap. She saw it
And spread her apron to it. She put out her hand

그의 머릿속에서는 해럴드하면 라틴어 생각이 나는가 봐요.
해럴드가 라틴어를 배우는 것은
그냥 좋아하니까 바이올린을 배우는 것과 같다고 한 말을
내가 어떻게 생각하느냐고 물어요.
자기가 개암나무 가지 끝으로 수맥을 찾을 수 있다는 것을
해럴드에게 믿게 할 수가 없는데—
그것만 봐도 학교 교육이 얼마나 쓸모가 없는지 알 수 있다는 거지요.
그는 다시 그 이야기를 하고 싶어 해요. 무엇보다도
기회가 닿는다면 해럴드에게
건초 쌓는 법을 가르치고 싶어 해요.—'

'사일러스가 그 일만은 잘 하는 걸 나도 알지.
그는 한 삽 한 삽 제 자리에 잘 쌓아
나중에 쓸 수 있게 순서를 다 외워요.
그래서 나중에 짐을 부릴 때 쉽게 찾아내요.
사일러스가 그 일은 잘 하지.
마치 큰 새의 둥지처럼 그걸 꺼내요.
그는 절대로 집어 들려고 하는 건초 위에 서서
자기 몸을 끌어 올리거나 하는 일은 안 하지.'

'그걸 해럴드에게 가르칠 수 있다면
세상의 누군가에게 좋은 일을 하는 것이라고 생각해요.
그는 젊은이가 책 바보가 되는 것을 보고 있지 못해요.
불쌍한 사일러스는 그처럼 남의 생각을 해요.
그런데 정작 자신은 자랑스럽게 뒤돌아볼 것이 아무 것도 없고,
또 희망을 가지고 내다볼 것이 아무 것도 없지요.
지금도 그렇고 언제나 매한가지예요.'

달의 반쪽이 하늘 전체를 끌며
서산에 지고 있었다.
부드러운 달빛이 그녀의 무릎을 비치고 있었다.
그것을 보자 그녀는 앞치마를 달빛에 펼쳤다.

110 Among the harp-like morning-glory strings,
Taut with the dew from garden bed to eaves,
As if she played unheard some tenderness
That wrought on him beside her in the night.
'Warren,' she said, 'he has come home to die:
115 You needn't be afraid he'll leave you this time.'

'Home,' he mocked gently.

'Yes, what else but home?
It all depends on what you mean by home.
Of course he's nothing to us, any more
120 Than was the hound that came a stranger to us
Out of the woods, worn out upon the trail.'

'Home is the place where, when you have to go there,
They have to take you.'

'I should have called it
125 Something you somehow haven't to deserve.'

Warren leaned out and took a step or two,
Picked up a little stick, and brought it back
And broke it in his hand and tossed it by.
'Silas has better claim on us you think
130 Than on his brother? Thirteen little miles
As the road winds would bring him to his door.
Silas has walked that far no doubt today.
Why doesn't he go there? His brother's rich,
A somebody—director in the bank.'

135 'He never told us that.'

그녀는 마당에서 지붕까지 팽팽하게 뻗어있는
하프와 같은 나팔꽃 넝쿨들 사이에 손을 넣고
어두운 밤 그녀 옆에 앉아있는 남편을 위해
그의 마음을 흔드는 들리지 않는 부드러운 곡을 연주하듯 했다.
'여보.' 그녀가 말했다. '그는 죽으러 집에 돌아온 거예요.
이번엔 가버릴 거라 걱정 안하셔도 돼요.'

'집이라고?' 하며 그가 가볍게 코웃음을 쳤다.

               '집이 아니고 뭐예요?
집이란 해석하기 나름이지요.
물론 그는 우리하곤 더 이상 아무 상관이 없어요.
사냥거리를 쫓다 지쳐 숲에서 나와
우리한테 온 낯선 사냥개나 다름없지요.'

'집이란 가지 않으면 안 될 때
사람들이 맞아줘야 하는 곳이지.'

'저는 집이란 사람이 아무 쓸모가 없어도
괜찮은 곳이라고 생각해요.'

워런은 앞으로 나서며 한두 발자국 걷다가
작은 나무 가지를 주워 가지고 와
그것을 손으로 잘게 꺾어 집어던졌다.
'당신은 사일러스가 자기 형제보다 우리한테
더 권리가 있다고 생각하오? 13마일 남짓만 걸어도
자기 동생네 집 현관에 다다를 수 있는데.
사일러스는 오늘도 그 정도는 걸었겠지.
거기는 왜 안 간데요? 동생이 부자라면서.
은행의 중역인가 뭔가—한 자리 한다고 안 했던가.'

'그런 말한 적 없어요.'

'We know it though.'

'I think his brother ought to help, of course.
I'll see to that if there is need. He ought of right
To take him in, and might be willing to—
He may be better than appearances.
But have some pity on Silas. Do you think
If he had any pride in claiming kin
Or anything he looked for from his brother,
He'd keep so still about him all this time?'

'I wonder what's between them.'

                'I can tell you.
Silas is what he is—we wouldn't mind him—
But just the kind that kinsfolk can't abide.
He never did a thing so very bad.
He don't know why he isn't quite as good
As anybody. Worthless though he is,
He won't be made ashamed to please his brother.'

'*I* can't think Si ever hurt anyone.'

'No, but he hurt my heart the way he lay
And rolled his old head on that sharp-edged chair-back.
He wouldn't let me put him on the lounge.
You must go in and see what you can do.
I made the bed up for him there tonight.
You'll be surprised at him—how much he's broken.
His working days are done; I'm sure of it.'

'I'd not be in a hurry to say that.'

                    '그래도 난 알아.'

'물론 동생이 도와야겠지요.
필요하다면 그렇게 하도록 하겠어요. 당연히
사일러스를 받아들여야 하고 또 기꺼이 그럴지도 몰라요―
생각보다 좋은 사람일지도 모르고요.
그러나 사일러스한테 정겹게 대하세요.
그가 만약 동생이 친척이라고 말하는 것이 자랑스럽거나
동생한테서 뭔가 기대할 것이 있었다면
지금까지 그렇게 동생 얘기를 안 할 수 있었겠어요?'

'둘 사이에 무슨 일이 있었는지 모르지.'

                    그러나 이것만은 알 수 있어요.
사일러스는 역시 사일러스지요―우리는 별로 신경을 안 쓰지만―
그는 친척들이 받아들이기 힘든 바로 그런 사람이에요.
그가 한 번도 나쁜 짓을 한 적이 없고
자기도 왜 남들만 못한지 그 까닭을 몰라요.
쓸모없는 사람이긴 하지만
동생 비위를 맞추기 위해 부끄러운 짓은 안 해요.'

'사일러스가 누굴 다치게 할 사람은 아니지.'

'물론이지요. 그러나 제 마음을 다치게 해요. 노인이
뾰족한 의자 모서리에 머리를 기대고 축 늘어져 있는 모양이.
소파에 눕히려 해도 말을 안 들어요.
당신이 가서 어떻게 좀 해보세요.
오늘 밤 머무를 수 있게 거기에다 잠자리를 마련했어요.
놀라실 거예요―그의 초라한 모습에.
그는 이제 더 일할 수가 없어요. 그건 틀림없어요.'

'나 같으면 그렇게 속단하지 않겠소.'

'I haven't been. Go, look, see for yourself.
But, Warren, please remember how it is:
He's come to help you ditch the meadow.
He has a plan. You mustn't laugh at him.
He may not speak of it, and then he may.
I'll sit and see if that small sailing cloud
Will hit or miss the moon.'

                It hit the moon.
Then there were three there, making a dim row,
The moon, the little silver cloud, and she.

Warren returned—too soon, it seemed to her,
Slipped to her side, caught up her hand and waited.

'Warren?' she questioned.

                'Dead,' was all he answered.

R. Frost

'속단하는 게 아니에요. 가서 직접 보세요.
그렇지만 여보, 이건 잊지 마세요—
그가 당신이 목장에 도랑 파는 일을 도우러 왔다는 것을.
그에겐 계획이 있어요. 그를 비웃으면 안 돼요.
그가 그런 말을 하지는 않겠지만, 또 할지도 모르고요.
나는 저기 흘러가는 저 작은 구름이
달에 부딪칠지 아닐지를 여기 앉아 보고 있을게요.'

     구름은 달에 부딪쳤다.
그리하여 셋이 나란히 어둡게 한 줄로 놓였다,
달과 작은 은빛 구름과 그녀가.

워런이 돌아왔다—너무 빨리 온 것처럼 보였다.
그녀 옆에 조용히 앉고는 그녀의 손을 잡고 가만히 있었다.

'어떻게 됐어요?'라고 그녀가 물었다.

    '죽었어.' 이것이 그의 대답 전부였다.

R. 프로스트

046   THE ROAD NOT TAKEN

Two roads diverged in a yellow wood,
And sorry I could not travel both
And be one traveler, long I stood
And looked down one as far as I could
To where it bent in the undergrowth;

Then took the other, as just as fair,
And having perhaps the better claim,
Because it was grassy and wanted wear;
Though as for that the passing there
Had worn them really about the same,

And both that morning equally lay
In leaves no step had trodden black.
Oh, I kept the first for another day!
Yet knowing how way leads on to way,
I doubted if I should ever come back.

I shall be telling this with a sigh
Somewhere ages and ages hence:
Two roads diverged in a wood, and—
Took the one less traveled by,
And that has made all the difference.

R. Frost

가지 않은 길

단풍 든 숲 속에 두 갈래 길이 있었네.
두 길 다 가보지 못하고
한 쪽 길로만 가게 되는 게 못내 아쉬워, 한참 동안 서서
가지 않은 길을 끝 간 데까지 바라보았지,
덤불 속에서 구부러지는 곳까지.

그리고는 똑같이 아름다운 다른 길을 택했다네.
아니 어쩌면 더 나아 보이는 길을,
그 길은 풀이 무성하고 덜 밟혀 있었지.
하긴 그 길도 걷다 보면
마찬가지가 되겠지만.

그날 아침 두 길 모두, 밟혀 더러워지지 않은
낙엽 속에 놓여 있었네.
아, 나는 첫 번째 길은 다른 날 가기로 했지!
하지만 길이라는 게 가다보면 그냥 가게 마련이어서
다시 돌아올 수 있으리란 생각은 안했네.

오랜 세월이 흐른 다음
나는 한숨지으며 말하겠지.
숲 속에 두 갈래 길이 있었는데
나는 사람이 덜 다닌 길을 택했고
그것이 내 운명을 이처럼 바꾸어 놓았노라고.

R. 프로스트

047 THE MOUNTAINS ARE A LONELY FOLK

1   The mountains they are silent folk;
    They stand afar—alone,
And the clouds that kiss their brows at night
    Hear neither sigh nor groan.
5   Each bears him in his ordered place
    As soldiers do, and bold and high
They fold their forest round their feet
    And bolster up the sky.

H. Garland

산은 외로운 친구들

산은 말없는 친구들,
　　산은 저 멀리 외따로 서 있네.
밤이면 그 이마에 조용히 입맞춤하는 구름도
　　산의 한숨과 신음소리는 듣지 못하네.
늠름하고 드높게 병정들처럼
　　산은 정해진 자리에 버티고 서서
발밑엔 숲을 두르고
　　하늘을 떠받치고 서 있네.

H. 갈런드

A SONG

When lovely woman stoops to folly
    And finds too late that men betray,—
What charm can soothe her melancholy?
    What art can wash her guilt away?

The only art her guilt to cover,
    To hide her shame from every eye,
To give repentance to her lover,
    And wring his bosom, is—to die.

O. Goldsmith

노래

사랑스런 여인이 남자에게 몸을 맡기고
　　그가 배반했음을 때늦게 알았을 때
무슨 주문이 그녀의 우울을 달래주고
　　무슨 재주가 그녀의 아픔을 씻어줄까.

그녀의 아픔을 덮어주고
　　뭇사람의 눈으로부터 그녀의 수치 가려주며,
배반한 남자에게 뉘우침 안겨주고
　　그의 가슴 아프게 후벼줄 단 하나의 길은―죽는 것뿐.

　　　　　　　　　　　　　　　　　O. 골드스미스

049   THE MAN HE KILLED

1
"Had he and I but met
By some old ancient inn,
We should have set us down to wet
Right many a nipperkin!

5
"But ranged as infantry,
And staring face to face,
I shot at him as he at me,
And killed him in his place.

"I shot him dead because—
10
Because he was my foe,
Just so: my foe of course he was;
That's clear enough; although

"He thought he'd 'list, perhaps,
Off-hand like—just as I;
15
Was out of work, had sold his traps—
No other reason why.

"Yes; quaint and curious war is!
You shoot a fellow down
You'd treat if met where any bar is,
20
Or help to half a crown."

T. Hardy

그가 죽인 사나이

누추하고 오래된 술집에서
만나기만 했던들
우리는 곧 앉아
술잔깨나 비웠을 것을.

그러나 우리는 서로 졸병으로 들어가
마주 노려보며
그가 그랬듯 나도 총을 쏴서
그 자리서 그를 죽였다.

나는 그를 쏴 죽였다. 왜냐하면—
왜냐하면 그는 내 적이었으니까.
암, 그렇지. 어김없이 그는 내 적이었어.
그건 분명한 사실이야.

그는 아마도
별 생각 없이 군에 갔을 거야—나처럼.
직업도 없고, 세간은 팔아먹고—
뭐 별 까닭이 있는 게 아니었지.

암, 전쟁이란 이상하고 야릇한 거야.
술집에서 만났던들
반 크라운어치 술이라도 사줄 친구를
쏘아 죽이니까 말이지.

T. 하디

THE GIFTS OF GOD

   When God at first made Man,
Having a glass of blessings standing by;
Let us (said He) pour on him all we can—
Let the world's riches, which dispersed lie,
   Contact into a span.

   So strength first made a way;
Then beauty flow'd, then wisdom, honour, pleasure.
When almost all was out, God made a stay,
Perceiving that alone, of all His treasure,
   Rest in the bottom lay;

   For if I should (said He)
Bestow this jewel also on My creature,
He would adore My gifts instead of Me,
And rest in Nature, not the God of Nature:
   So both should losers be.

   Yet let him keep the rest,
But keep them with repining restlessness;
Let him be rich and weary, that at least,
If goodness lead him not, yet weariness
   May toss him to My breast.

G. Herbert

신의 선물

　　"신"이 처음 "인간"을 만드시고
바로 옆에 축복의 상자 놓으시고 말씀하시기를,
"우리 가진 모든 것 그에게 부어주세.
흩어져 널려있는 세상의 모든 축복
　　그에게 부어주세."

　　그리하여 맨 처음 힘이 나오고
아름다움이, 지혜가, 명예가, 기쁨이 뒤따라 흘렀네.
거의 다 흘러나와 그가 가진 보배 중
안식만이 홀로 밑바닥에 놓였음을 아시자
　　신은 멈추셨다.

　　"내가 만든 인간에게" 신의 말씀,
"이 보배마저 주어버리면
인간들은 나 대신 내 선물을 경모하고,
신이 아니라 자연에 안주하여
　　그 결과 우리 모두 손해 보게 되리니.

　　그에겐 안식 외의 나머지 보배 갖게 하나
초조한 불안 속에 갖게 하자.
부귀하나 번민케 하여,
착한 마음이 그를 인도하지 못할 때엔 적어도
　　번민이라도 그를 내 품속으로 던져 올리게 하자.

G. 허버트

VIRTUE

Sweet day, so cool, so calm, so bright,
The bridal of the earth and sky:
The dew shall weep thy fall to-night;
    For thou must die.

Sweet rose, whose hue, angry and brave,
Bids the rash gazer wipe his eye:
Thy root is ever in its grave,
    And thou must die.

Sweet spring, full of sweet days and roses,
A box where sweets compacted lie;
My music shows ye have your closes,
    And all must die.

Only a sweet and virtuous soul,
Like seasoned timber, never gives;
But though the whole world turns to coal,
    Then chiefly lives.

G. Herbert

미덕

그처럼 시원하고 밝고 고요한 아름다운 날이여,
마치 땅과 하늘의 혼인 잔치 같으나
오늘 밤 이슬이 그대 마지막이 슬퍼 울리니
    그대 이윽고 죽을 것이기에.

아름다운 장미여, 격렬하게 선명한 그대 색깔은
지각없는 구경꾼에게 눈물을 닦으라 이르지만
그대 뿌리는 언제나 무덤 속,
    그대는 분명 죽게 되리니.

아름다운 봄날은 아름다운 날과 장미로 가득하고
즐거움이 빼곡한 상자처럼 놓여있으나
내 노래는 그대에게 끝이 있음을 알린다,
    그리고 모두는 죽게 된다는 것을.

아름답고 고결한 영혼만이
잘 말린 목재처럼 견디어낸다.
그리하여 온 세상이 재로 변한다 하여도
    그것만이 홀로 살아남을 지니.

G. 허버트

THE PRIMROSE

Ask me why I send you here
This sweet Infanta of the year?
Ask me why I send to you
This primrose, thus bepearl'd with dew?
I will whisper to your ears:—
The sweets of love are mixed with tears.

Ask me why this flower does show
So yellow-green, and sickly too?
Ask me why the stalk is weak
And bending, (yet it doth not break)?
I will answer:—These discover
What fainting hopes are in a lover.

R. Herrick

프림로즈

    물으시나이까?
아름다운 사철의 공주를 그대에게 보내는 내 뜻을.
    물으시나이까?
이슬 진주 영롱한 한 송이 프림로즈를 그대에게 보내는 내 뜻을.
    속삭여드리리다, 그대의 귀에.
사랑의 사탕엔 눈물이 섞이는 법이라고.

    물으시나이까?
어찌하여 이 꽃은 그처럼 누르스름한 노란빛으로 병들어 보이는가를.
    물으시나이까?
어찌하여 가냘프게 휘어지면서도 그 줄기 부러지지 않는가를.
    가르쳐 드리리다.
이 꽃, 사랑하는 이의 마음속에 깃든 가녀린 소망의 상징임을.

                                                       R. 헤릭

TO ANTHEA, WHO MAY COMMAND HIM ANY THING

Bid me to live, and I will live
    Thy Protestant to be:
Or bid me love, and I will give
    A loving heart to thee.

A heart as soft, a heart as kind,
    A heart as sound and free
As in the whole world thou canst find,
    That heart I'll give to thee.

Bid that heart stay, and it will stay,
    To honour thy decree:
Or bid it languish quite away,
    And't shall do so for thee.

Bid me to weep, and I will weep
    While I have eyes to see:
And having none, yet I will keep
    A heart to weep for thee.

Bid me despair, and I'll despair,
    Under that cypress tree;
Or bid me die, and I will dare
    E'en Death, to die for thee.

Thou art my life, my love, my heart,
    The very eyes of me;
And hast command of every part,
    To live and die for thee.

R. Herrick

나에게 무엇이든 명할 수 있는 앤테어에게

살라 하십시오. 그러면 나는 살아
    당신의 구혼자가 되겠나이다.
사랑하라 하십시오, 그러면 나는 그대에게
    사랑하는 마음 드리겠나이다.

세상 어디에도 없는
    부드럽고, 친절하고,
건전하고 자유로운
    마음을 그대에게 드리겠나이다.

내 마음에게 머무르라 하십시오,
    그러면 그것은 당신의 분부를 받들어 머물 것입니다.
혹은 내 마음더러 시들어 사라지라 하십시오,
    그러면 당신을 위해 그렇게 할 것입니다.

울라 하십시오, 그러면 눈이 있는 한
    나는 울겠나이다.
그리고 비록 나에게 눈이 없더라도
    당신을 위해 울 마음 하나만을 간직하겠나이다.

절망하라 하십시오, 그러면 나는
    저 사이프러스 나무 밑에서 절망하겠나이다.
죽으라 하십시오, 그러면 나는
    그대 위해 죽음도 사양치 않겠나이다.

그대는 나의 생명, 나의 사랑, 나의 심장이며
    나의 눈입니다.
그대에겐 그대 위해 나를
    죽이고 살리는 힘이 있사옵니다.

R. 헤릭

TO DAFFODILS

Fair Daffodils, we weep to see
    You haste away so soon;
As yet the early-rising sun
    Has not attain'd his noon.
        Stay, stay,
Until the hasting day
    Has run
But to the even-song;
And, having pray'd together, we
    Will go with you along.

We have short time to stay, as you,
    We have as short a spring;
As quick a growth to meet decay
    As you, or any thing.
        We die,
As your hours do, and dry
    Away
Like to the summer's rain,
Or as the pearls of morning's dew.
    Ne'er to be found again.

R. Herrick

수선화에게

어여쁜 수선화야, 그리도 총총히 가버리는
    네 모습을 보는 우리 눈은 흐려지도다.
부지런떠는 아침 해
    아직 중천에도 이르지 못했거늘.
        머무르라, 가지 말고
    성급한 하루해가
        달려
    저녁이 될 때까지 만이라도.
그러면 우리 같이 기도하고
    너와 함께 집으로 가련다.

너 못지않게 우리의 시간도 짧단다.
    우리의 봄도 짧단다.
황급히 자라나 곧 쇠하여버리는 우리 인생도
    너나 다른 것들과 다름이 없단다.
        너 시들어버리듯
    우리도 가버린단다.
        마치
    여름날의 비와 같이,
혹은 진주처럼 빛나던 아침 이슬과 같이
    흔적도 없이 사라지고 만단다.

R. 헤릭

TO ELECTRA

I dare not ask a kiss,
    I dare not beg a smile,
Lest having that, or this,
    I might grow proud the while.

No, no, the utmost share
    Of my desire shall be
Only to kiss that air
    That lately kissed thee.

R. Herrick

엘렉트라에게

감히 키스를 바라지는 않겠습니다.
    미소 진 얼굴을 보여 달라고도 않겠습니다.
이것저것 바라다가는
    내가 건방져질지도 모르니까요.

아닙니다, 아닙니다. 내가 바라는
    최상의 소망은
조금 전 그대와 입 맞춘
    바람과 입맞춤하는 것뿐.

R. 헤릭

TIME, YOU OLD GIPSY MAN

Time, you old gipsy man,
    Will you not stay,
Put up your caravan
    Just for one day?

All things I'll give you
Will you be my guest,
Bells for your jennet
Of silver the best,
Goldsmiths shall beat you
A great golden ring,
Peacocks shall bow to you,
Little boys sing,
Oh, and sweet girls will
Festoon you with may.
Time, you old gipsy,
Why hasten away?

Last week in Babylon,
Last night in Rome,
Morning, and in the crush
Under Paul's dome;
Under Paul's dial
You tighten your rein—
Only a moment,
And off once again;
Off to some city
Now blind in the womb,
Off to another
Ere that's in the tomb.

시간, 그대 늙은 집시 노인이여

시간, 그대 늙은 집시 노인이여,
　　잠시 머무르지 않으려오?
다만 하루만이라도
　　그대 캐러밴을 멈추지 않으려오?

모든 것 다 주리
그대 내 길손이 된다면,
그대 나귀에겐 더없이 아름다운 은방울 달아주고,
금 세공사에겐 그댈 위해
커다란 금반지도 만들게 하리다.
공작새가 공손히 그대 맞게 하고,
어린 소년들은 노래를 부르고,
오! 아리따운 소녀들은
산사나무 꽃으로 그대를 꾸미리.
시간, 그대 늙은 집시 노인이여,
무슨 까닭이 있어
그리도 총총히 가버리느뇨?

지난주엔 바빌론에,
어젯밤엔 로마에,
오늘 아침엔 군중에 섞여
베드로 성당의 지붕 밑에.
시계탑 아래 그대
마차를 멈추나
그것도 잠시뿐,
다시 떠나가 버리네.
떠나, 어머니 태중에서
아직 눈도 뜨지 않은 다른 도시로.
무덤에 들어가기 전의
다른 도시로 떠나가 버리네.

> Time, you old gipsy man,
>   Will you not stay,
> Put up your caravan
>   Just for one day?

R. Hodgson

시간, 그대 늙은 집시 노인이여,
　　잠시 머무르지 않으려오?
다만 하루라도
　　그대 캐러밴을 멈추지 않으려오?

R. 호지슨

057 PAST AND PRESENT

I remember, I remember
The house where I was born,
The little window where the sun
Came peeping in at morn;
He never came a wink too soon
Nor brought too long a day;
But now, I often wish the night
Had borne my breath away.

I remember, I remember
The roses, red and white,
The violets, and the lily cups—
Those flowers made of light!
The lilacs where the robin built,
And where my brother set
The laburnum on his birthday,—
The tree is living yet!

I remember, I remember
Where I was used to swing,
And thought the air must rush as fresh
To swallows on the wing;
My spirit flew in feathers then
That is so heavy now,
And summer pools could hardly cool
The fever on my brow.

I remember, I remember
The fir trees dark and high;
I used to think their slender tops

과거와 현재

그래 생각나지, 생각나
내가 태어난 그 집이.
아침이면 햇살이 빠끔히 들여다보던
그 작은 창문이.
해는 한 치도 일찍 오는 법이 없었고,
하루해가 너무 길다고 느껴본 적도 없었다.
그런데 지금은 자주
밤이 그만 내 숨을 거두어 갔으면 한다.

그래 생각나지, 생각나
빨갛고 흰 장미들,
제비꽃과 은방울꽃들—
빛으로 만든 듯한 그 꽃들!
라일락꽃에는 울새들이 둥지를 틀고
어느 생일날 내 동생이
노란 등꽃을 놓았던
그 나무는 지금도 거기 서 있는데.

그래 생각나지, 생각나
내가 그네를 타던 그 곳.
하늘을 나는 제비도 그네를 탄 나처럼
바람이 시원하리라 생각하던 곳.
그러면 날개를 타고 날아오르던 내 마음이
지금은 이처럼 무겁다네.
여름 웅덩이 물도
뜨거운 내 이마의 열을 식히지는 못한다.

그래 생각나지, 생각나
어둡고 높게 솟아 오른 전나무들.
나는 그들의 뾰족한 끝이

Were close against the sky:
It was a childish ignorance,
30   But now 'tis little joy
To know I'm farther off from Heaven
Than when I was a boy.

T. Hood

하늘에 맞닿았다고 생각했었지.
그건 철없는 아이의 생각.
그러나 어릴 때보다 훨씬 더
하늘나라에서 멀어졌다는 것을 생각하면
하나도 즐겁지가 않다네.

T. 후드

LOVELIEST OF TREES

Loveliest of trees, the cherry now
Is hung with bloom along the bough,
And stands about the woodland ride
Wearing white for Eastertide.

Now, of my threescore years and ten,
Twenty will not come again,
And take from seventy springs a score,
It only leaves me fifty more.

And since to look at things in bloom
Fifty springs are little room,
About the woodlands I will go
To see the cherry hung with snow.

A. E. Housman

꽃 중의 꽃

꽃 중의 꽃인 벚꽃은
가지 따라 활짝 피었고
부활제 맞으려 흰옷 단장하고
숲속 길을 따라 줄지어 섰네.

그런데, 칠십 평생에서
이십은 되돌아오지 않을 터
칠십 번 봄에서 스물을 빼면
이제 오십만이 남았으니

꽃핀 나무 보기에
봄철 오십은 너무 짧아
내 가리라 숲으로
흰 눈꽃 가득 핀 나무를 보려.

A. E. 하우스먼

WHEN I WAS ONE-AND-TWENTY

When I was one-and-twenty
    I heard a wise man say,
'Give crowns and pounds and guineas
    But not your heart away;
Give pearls away and rubies
    But keep your fancy free,'
But I was one-and-twenty,
    No use to talk to me.

When I was one-and-twenty
    I heard him say again,
'The heart out of the bosom
    Was never given in vain;
'Tis paid with sighs a plenty
    And sold for endless rue.'
And I am two-and-twenty,
    And oh, 'tis true, 'tis true.

A. E. Housman

내 나이 스물하고 하나였을 때

내 나이 스물하고 하나였을 때,
    어떤 현명한 사람이 말했습니다.
"은화나 금화는 주어도 좋으나
    네 마음만은 결코 주지 말거라.
진주나 루비는 주어버려도
    네 생각은 자유롭게 간직해 두어라."
그러나 내 나이 스물하고 하나였고,
    나는 하나도 귀담아 듣지 않았습니다.

내 나이 스물하고 하나였을 때
    나는 그가 다시 말하는 것을 들었습니다.
"깊은 가슴 속 간직한 네 마음은
    결코 헛되이 내보이는 것이 아니요,
수많은 한숨으로 값을 받고,
    끝없는 슬픔에 팔리는 것이니."
이제 내 나이 스물하고 둘이며,
    아, 그것은 그것은 진실이었습니다.

A. E. 하우스먼

AT THE CROSSROADS

You to the left and I to the right,
For the ways of men must sever—
And it well may be for a day and a night,
And it well may be forever.
But whether we meet or whether we part
(For our ways are past our knowing),
A pledge from the heart to its fellow heart
On the ways we all are going!
Here's luck!
For we know not where we are going.

Whether we win or whether we lose
With the hands that life is dealing,
It is not we nor the ways we choose
But the fall of the cards that's sealing.
There's a fate in love and a fate in fight,
And the best of us all go under—
And whether we're wrong or whether we're right,
We win, sometimes, to our wonder.
Here's Luck!
That we may not yet go under!

R. Hovey

갈림길에서

너는 왼쪽 그리고 난 오른쪽,
우리들의 길은 갈라져야 한다네―
하루나 혹은 하룻밤,
혹은 영원히.
그러나 우리가 만나든 헤어지든,
(우리들의 길은 우리가 알 순 없으니까)
이 마음속에서 저 마음으로,
우리 모두 떠나가는 이 길 위에서 축배를 드세!
자! 모두의 행운을 비네.
우리는 모두 갈 곳을 모르기에.

우리가 이기고 지는 것은
인생이 돌려주는 트럼프 운수를 따르는 법.
우리의 재간이나 택한 방법이 아니고,
손에 들어오는 트럼프 짝이 우리 운명 정해주지.
사랑에도 운수가 있고, 싸움에도 운수가 있는 법.
우리들 가운데 제일 잘난 자도 멸하고―
그리고 옳았든 글렀든,
때로 우리는 승리하며 놀라네.
자! 모두의 행운을 비네.
아직은 우리들이 멸하지 않도록.

R. 허비

ODE ON A GRECIAN URN

Thou still unravished bride of quietness,
    Thou foster-child of silence and slow time,
Sylvan historian, who canst thus express
    A flowery tale more sweetly than our rhyme:
What leaf-fring'd legend haunts about thy shape
    Of deities or mortals, or of both,
        In Tempe or the dales of Arcady?
What men or gods are these? What maidens loth?
What mad pursuit? What struggle to escape?
    What pipes and timbrels? What wild ecstasy?

Heard melodies are sweet, but those unheard
    Are sweeter; therefore, ye soft pipes, play on;
Not to the sensual ear, but, more endear'd,
    Pipe to the spirit ditties of no tone:
Fair youth, beneath the trees, thou canst not leave
    Thy song, nor ever can those trees be bare;
        Bold Lover, never, never canst thou kiss,
Though winning near the goal—yet, do not grieve;
    She cannot fade, though thou hast not thy bliss,
    For ever wilt thou love, and she be fair!

Ah, happy, happy boughs! that cannot shed
    Your leaves, nor ever bid the Spring adieu;
And happy melodist, unwearièd,
    For ever piping songs for ever new;
More happy love! more happy, happy love!
    For ever warm and still to be enjoy'd,
        For ever panting, and for ever young;

그리스 항아리에 바치는 송가

그대 아직 더럽혀지지 않은 고요의 신부여,
    그대 더디 흐르는 시간과 침묵의 양자여,
내 노래보다 더 아름답게 화려한 이야기를
    노래하는 그대 숲의 역사가여.
그대 자태를 감도는 잎 무성한 전설은
    템피와 아르카디아의 골짜기에 사는 신의 이야기인가,
      인간의 이야기인가, 아니면 이 모두의 이야기인가.
이들은 어떤 신이며 어떤 인간인가. 처녀가 싫어하는 것은 무엇인가?
    미친 듯 쫓아가는 까닭은? 벗어나려고 발버둥치는 까닭은?
      이 피리와 북은? 미친 듯한 이 환희는?

들리는 곡조는 아름다우나 들리지 않는 곡조가 더 아름답다.
    그러니 너 감미로운 피리여, 쉬지 말고 불어라.
감각의 귀가 아니라 보다 소중한
    영혼을 위해 소리 없는 곡조를 울려라.
나무 아래 아름다운 젊은이여, 그대는 노래를 멈출 수 없거니와
    저 나무의 잎 또한 떨어지지 않으리.
      담대한 연인이여, 그대 그녀에 가까이 있으나
결코 그녀에게 입맞춤할 수 없을 것—허나 슬퍼하지는 말라.
    그대 뜻은 이루지 못했으나 그녀는 색이 바래지도 않을 터이니.
      그대 영원히 사랑하고, 그녀 또한 영원히 아름다우리.

아, 행복한 나뭇가지들이여! 너희들 잎은 떨어지지 않으며
    봄에 작별을 고하지도 않는다.
그리고 행복한 악사는 지치지 않고
    영원히 새로운 노래를 불고 있다.
보다 행복한 사랑이여! 더욱 더 행복한 사랑이여!
    영원히 따뜻하고 영원히 즐거운 사랑.
      영원히 애태우며, 영원히 젊은 사랑.

  All breathing human passion far above,
    That leaves a heart high sorrowful and cloy'd,
      A burning forehead, and a parching tongue.

  Who are these coming to the sacrifice?
    To what green altar, O mysterious priest,
  Lead'st thou that heifer lowing at the skies,
    And all her silken flanks with garland drest?
  What little town by river or sea-shore,
    Or mountain-built with peaceful citadel,
      Is emptied of its folk, this pious morn?
  And, little town, thy streets for ever-more
    Will silent be; and not a soul to tell
      Why thou art desolate, can e'er return.

  O Attic shape! Fair attitude! with brede
    Of marble men and maidens overwrought,
  With forest branches and the trodden weed;
    Thou, silent form, dost tease us out of thought
  As doth eternity: Cold Pastoral!
    When old age shall this generation waste,
      Thou shalt remain to man, in midst of other woe
  Than ours, a friend to man, to whom thou say'st,
    "Beauty is truth, truth beauty,"—that is all
      Ye know on earth, and all ye need to know.

J. Keats

우리 가슴을 한없는 슬픔으로 채우거나 물리게 하고,
　　끓듯 뜨거운 이마와 타들어가는 혓바닥만 남기는
　　　　숨 쉬는 우리 인간의 격정보다 훨씬 고매한 사랑.

번제에 몰려오는 이들은 누구인가?
　　신비로운 사제여, 매끄러운 옆구리를 화환으로 장식하고
하늘을 쳐다보며 울고 있는 새끼 암소를
　　어느 푸른 제단으로 끌고 가느냐?
이 성스러운 아침, 강가나 바닷가의 어느 작은 마을을,
　　아니면 평화로운 성채로 둘러싸인 어느 산속의 마을을
　　　　이 사람들이 비우고 왔느냐?
그 마을과 그 거리는 영원히 고요하리.
　　어느 누구도 되돌아가
　　　　마을이 빈 까닭을 말할 수 없으리라.

아티카의 자태여! 아름다운 모습이여!
　　새겨진 남녀의 모습과
숲의 잎, 그리고 밟힌 잔디가 가득한 말없는 그대여,
　　영겁처럼 우리를 어리둥절하게 만드는
너 차가운 목가여!
　　세월이 흘러 이 시대가 멸한다 해도
　　　　그대는 우리와 다른 슬픔의 세상에 인류의 벗으로 남아
그들에게 말하리라,
　　"아름다움은 진리이며, 진리는 아름다움"—이라고.
　　　　이것만이 이 땅에서 우리가 알고 있는 것, 알아야 하는 모든 것.

J. 키츠

062   **TREES**

1   I think that I shall never see
    A poem lovely as a tree.

    A tree whose hungry mouth is prest
    Against the earth's sweet flowing breast;

5   A tree that looks at God all day,
    And lifts her leafy arms to pray;

    A tree that may in summer wear
    A nest of robins in her hair;

    Upon whose bosom snow has lain;
10   Who intimately lives with rain.

    Poems are made by fools like me,
    But only God can make a tree.

A. J. Kilmer

나무

나는 결코 나무처럼 아름다운 시를
볼 수 없으리라 생각한다.

단물이 흐르는 대지의 젖가슴에
굶주린 입을 대고 있는 나무.

온종일 하나님을 쳐다보고
잎 무성한 팔을 들어 기도드리는 나무.

여름에는 방울새 둥지로
머리칼을 장식하고,

그 가슴에는 눈이 쌓이고,
비와 의좋게 지내는 나무.

시는 나 같은 바보가 만드나
나무를 만드는 건 하나님뿐.

A. J. 킬머

THE OLD FAMILIAR FACES

I have had playmates, I have had companions,
In my days of childhood, in my joyful school-days;
   All, all are gone, the old familiar faces.

I have been laughing, I have been carousing,
Drinking late, sitting late, with my bosom cronies;
   All, all are gone, the old familiar faces.

I loved a Love once, fairest among women;
Closed are her doors on me, I must not see her—
   All, all are gone, the old familiar faces.

I have a friend, a kinder friend has no man;
Like an ingrate, I left my friend abruptly;
   Left him, to muse on the old familiar faces.

Ghost-like I paced round the haunts of my childhood;
Earth seem'd a desert I was bound to traverse,
   Seeking to find the old familiar faces.

Friend of my bosom, thou more than a brother,
Why wert not thou born in my father's dwelling?
   So might we talk of the old familiar faces.

How some they have died, and some they have left me,
And some are taken from me; all are departed;
   All, all are gone, the old familiar faces.

C. Lamb

그리운 그 얼굴들

나의 소년시절엔, 나의 즐거운 학생시절엔
소꿉동무들이 있었네, 친구들도 있었네, 하지만
    모두 다, 모두 다 가버렸네, 그리운 그 얼굴들.

막역한 친구들과 무릎대고 마주앉아
밤 새워 마셔가며 웃고 떠들기도 했었네, 하지만
    모두 다, 모두 다 가버렸네, 그리운 그 얼굴들.

한때 사랑도 했었네, 더없이 아름다운 여인과.
한데 지금 그녀의 문은 닫히고 나는 그녀를 만날 수 없다네.
    모두 다, 모두 다 가버렸네, 그리운 그 얼굴들.

나에겐 한 벗이 있네, 더없이 다정한 친구지.
하지만 배신자처럼 나는 그를 불쑥 버렸네.
    버리고는 또 곰곰이 그리운 그 얼굴들을 생각하네.

유령처럼 넋 잃고 어릴 때 놀던 곳 거닐었네.
세상은 지나야 할 사막 같았네.
    그리운 얼굴들을 찾으려 애쓰며.

내 가슴 속 벗이여, 형제 이상의 벗이여,
그대 만일 우리 집에 태어났다면
    우리 서로 그리운 옛 친구들 이야기나 할 것을.

누구누군 어떻게 죽었으며, 누구누군 어떻게 날 떠났으며
또 누구완 어떻게 헤어졌는가를.
    모두 다, 모두 다 가버렸네, 그리운 그 얼굴들.

C. 램

ON HIS SEVENTY-FIFTH BIRTHDAY

I strove with none, for none was worth my strife.
Nature I loved and, next to Nature, Art:
I warm'd both hands before the fire of life;
It sinks, and I am ready to depart.

W. S. Landor

일흔다섯 생일에

나는 누구와도 다투지 않았노라, 누구도 그럴 가치가 없었기에.
자연을 사랑했고, 자연 다음으로 예술을 사랑했느니.
두 손으로 인생의 불을 쪼이다가
이제 그 불이 사그라지니 미련 없이 떠나노라.

W. S. 랜더

A PASSING BELL

Mournfully to and fro, to and fro the trees are waving;
   What did you say, my dear?
The rain-bruised leaves are suddenly shaken, as a child
Asleep still shakes in the clutch of a sob—
   Yes, my love, I hear.

One lonely bell, one only, the storm-tossed afternoon is braving,
   Why not let it ring?
The roses lean down when they hear it, the tender, mild
Flowers of the bleeding-heart fall to the throb—
   It is such a little thing!

A wet bird walks on the lawn, call to the boy to come and look,
   Yes, it is over now.
Call to him out of the silence, call him to see
The starling shaking its head as it walks in the grass—
   Ah, who knows how?

He cannot see it, I can never show it him, how it shook—
   Don't disturb him, darling.
Its head as it walked: I can never call him to me,
Never, he *is* not, whatever shall come to pass.
   No, look at the wet starling.

D. H. Lawrence

조종

나무는 이리저리 슬프게 흔들린다.
    "여보, 지금 뭐라고 했소?"
비에 찢긴 나뭇잎들이
고이 잠자던 아기가 울다 경련을 일으키듯 갑자기 흔들린다.
    "그래요, 무슨 소리가 들려요."

폭풍우에 시달리는 오후에 맞서 외로운 종 하나만이 울부짖는다.
    "왜 종을 더 울리지 않나요?"
두 사람이 종소리를 듣고 있을 때 장미꽃이 고개를 떨어뜨리고,
    피 흘리는 심장의 부드럽고 상냥한 꽃이 고동 소리에 떨어진다.
    "아기 장례식인 걸 뭐!"

잔디 위를 걷는 비에 젖은 새 한 마리, 아기더러 와서 보라고 해요.
    "벌써 끝났소."
죽음의 침묵 속에서 아기를 불러내
잔디 위를 걷는 찌르레기가 머리 흔드는 것을 보라고 해요.
    "어쩔 도리가 없잖아요."

걸으며 새가 머리 흔드는 걸 아가는 볼 수 없다.
    "여보, 새를 그냥 둬요."
나는 보여줄 수가 없다.
떠나간 아기는 결코 불러 올 수 없다.
    "그러지 말고, 저 비에 젖은 찌르레기를 봐요."

D. H. 로렌스

A PSALM OF LIFE

Tell me not, in mournful numbers,
    "Life is but an empty dream!"
For the soul is dead that slumbers,
    And things are not what they seem.

Life is real! Life is earnest!
    And the grave is not its goal;
"Dust thou art, to dust returnest,"
    Was not spoken of the soul.

Not enjoyment, and not sorrow,
    Is our destined end or way;
But to act, that each to-morrow
    Find us farther than to-day.

Art is long, and Time is fleeting;
    And our hearts, though strong and brave,
Still, like muffled drums, are beating
    Funeral marches to the grave.

In the world's broad field of battle,
    In the bivouac of Life,
Be not like dumb, driven cattle!
    Be a hero in the strife!

Trust no Future, howe'er pleasant;
    Let the dead Past bury its dead:
Act,—act in the living Present!
    Heart within, and god o'erhead.

인생예찬

말하지 말라 슬픈 곡조로,
　　인생은 허무한 꿈에 불과하다고.
잠자는 영혼은 죽은 것이고
　　모든 것은 보기처럼 덧없는 것이 아니기에.

인생은 현실이며, 인생은 진지한 것,
　　무덤이 인생의 목적은 아닐 터이니.
"너는 흙이니 흙으로 돌아가리라"란
　　영혼을 두고 한 말은 아니다.

즐거움도 슬픔도
　　정해진 인생의 목표나 갈 길은 아니다.
오늘보다 나아간 우리를 내일 발견토록
　　행동하는 것이 우리의 목표.

예술은 길고 시간은 덧없어,
　　우리의 심장 튼튼하고 용감하여도
천에 싸인 북처럼
　　무덤으로의 장송곡 두드리네.

이 세상 넓은 싸움터에서,
　　노숙과 같은 인생에서,
쫓기는 가축처럼 침묵하지 말라.
　　싸움의 용사가 되라.

'미래'를 믿지 말라, 아무리 즐거워 보여도,
　　죽은 자들로 죽은 자를 장사케 하고,
행동하라, 살아있는 '현재'에 행동하라.
　　마음엔 용기를, 위에는 하나님 모시고.

> Lives of great men all remind us
>   We can make our lives sublime,
> And, departing, leave behind us
>   Footprints on the sands of time;—
>
> Footprints, that perhaps another,
>   Sailing o'er life's solemn main,
> A forlorn and shipwrecked brother,
>   Seeing, shall take heart again.
>
> Let us, then, be up and doing,
>   With a heart for any fate;
> Still achieving, still pursuing,
>   Learn to labor and to wait.

H. W. Longfellow

위대한 사람들의 일생을 보라.
　　우리도 인생을 숭고하게 살 수 있으며,
떠나면서 우리는
　　시간의 모래 위에 발자국을 남긴다.

그 자국은 아마도
　　엄숙한 인생의 바다 위를 항해한,
버림받고 난파한 형제로 하여
　　그것 보고 기운 나게 할지니.

그러니 우리 함께 일어나 움직이세.
　　어떤 운명에도 맞설 투지로.
끝없이 성취하고 끝없이 추구하며
　　일하며 기다리는 것 배우지 않으려나.

H. W. 롱펠로

THE ARROW AND THE SONG

I shot an arrow into the air.
It fell to earth, I knew not where;
For, so swiftly it flew, the sight
Could not follow it in its flight.

I breathed a song into the air,
It fell to earth, I knew not where;
For who has sight so keen and strong
That it can follow the flight of song?

Long, long afterward, in on oak
I found the arrow, still unbroke;
And the song, from beginning to end,
I found again in the heart of a friend.

H. W. Longfellow

화살과 노래

나는 화살 하나를 공중에 쏘아
그건 땅에 떨어졌네, 내가 알지 못하는 곳에.
그것은 너무도 빨리 날아 내 눈은
날아가는 그 화살을 따를 수 없었기에.

나는 노래 하나를 공중에 불러
그건 땅에 떨어졌네, 내가 알지 못하는 곳에.
뉘라서 그처럼 예리하고 강한 눈을 가져
날아가는 노래를 볼 수 있으랴.

오래고 오랜 훗날 어느 떡갈나무에서
나는 그 화살을 발견했네, 아직 부러지지 않은.
그리고 그 노래를 처음부터 끝까지
어느 친구의 가슴속에서 다시 찾았네.

H. W. 롱펠로

THE DAY IS DONE

The day is done, and the darkness
    Falls from the wings of Night,
As a feather is wafted downward
    From an eagle in his flight.

I see the lights of the village
    Gleam through the rain and the mist,
And a feeling of sadness comes o'er me
    That my soul cannot resist:

A feeling of sadness and longing,
    That is not akin to pain,
And resembles sorrow only
    As the mist resembles the rain.

Come, read to me some poem,
    Some simple and heartfelt lay,
That shall soothe this restless feeling,
    And banish the thoughts of day.

Not from the grand old masters,
    Not from the bards sublime,
Whose distant footsteps echo
    Through the corridors of Time.

For, like strains of martial music,
    Their mighty thoughts suggest
Life's endless toil and endeavor;
    And to-night I long for rest.

하루해가 지고

하루해가 지고
    하늘을 나는 독수리 깃털이 떨어지듯
어둠이 밤의 날개로부터
    떨어진다.

비와 안개 속에
    마을의 불빛이 희끄무레 빛날 때
영혼이 거역할 수 없는
    슬픔이 엄습한다.

그것은 고통과는 또 다른
    슬픔과 갈망의 감정.
안개가 비를 닮듯
    슬픔을 닮았다고 할까.

와서 나에게 시를 읽어주오,
    간결하며 가슴에 와 닿는 노래를.
불안한 이 감정을 달래주고
    번잡한 하루의 잡념을 씻어줄 노래를.

시간의 긴 회랑에
    먼 발자국 소리 메아리치는
그 옛날의 장엄한 대가들의 시는 그만,
    숭고한 음유 시인들의 시도 그만.

왜냐면 그들의 강대한 사상은
    군악대의 곡조마냥
인생의 끝없는 고역과 노역을 일깨워주기에.
    오늘 밤 내가 원하는 건 휴식.

Read from some humbler poet,
    Whose songs gushed from his heart,
As showers from the clouds of summer,
    Or tears from the eyelids start;

Who, through long days of labor,
    And nights devoid of ease,
Still heard in his soul the music
    Of wonderful melodies.

Such songs have power to quiet
    The restless pulse of care,
And come like the benediction
    That follows after prayer.

Then read from the treasured volume
    The poem of thy choice,
And lend to the rhyme of the poet
    The beauty of thy voice.

And the night shall be filled with music,
    And the cares, that infest the day,
Shall fold their tents, like the Arabs,
    And as silently steal away.

H. W. Longfellow

마치 여름 구름에서 소나기가 쏟아지듯,
    눈시울에서 눈물이 흐르듯
가슴에서 노래가 솟구쳐 나오는
    더 미천한 시인들의 시를 읽어주오.

긴 하루의 노동과
    힘든 밤을 지새우면서도
여전히 그들 영혼 속에서
    멋진 곡조를 듣는 그런 사람들의 시를.

그런 노래는 쉼 없는 근심의 맥박을
    달래주는 힘을 가졌고,
기도 뒤의 축도인 양
    우리에게 다가온다.

그러니 보물 상자인 이 시집에서
    당신이 좋아하는 시를 읽어주오.
그리고 시인의 시를
    당신의 고운 목소리로 읊어주오.

그러면 밤은 음악으로 가득차고
    낮 동안 가득했던 근심들은
아랍의 대상들처럼 천막을 접고
    조용히 빠져나가리다.

H. W. 롱펠로

069 THE VILLAGE BLACKSMITH

Under a spreading chestnut tree
    The village smithy stands;
The smith, a mighty man is he,
    With large and sinewy hands;
And the muscles of his brawny arms
    Are strong as iron bands.

His hair is crisp, and black, and long,
    His face is like the tan;
His brow is wet with honest sweat,
    He earns whate'er he can,
And looks the whole world in the face,
    For he owes not any man.

Week in, week out, from morn till night,
    You can hear his bellows blow;
You can hear him swing his heavy sledge,
    With measured beat and slow,
Like a sexton ringing the village bell,
    When the evening sun is low.

And children coming home from school
    Look in at the open door;
They love to see the flaming forge,
    And hear the bellows roar,
And catch the burning sparks that fly
    Like chaff from a threshing floor.

He goes on Sunday to the church,
    And sits among his boys;

마을의 대장간

가지 펼친 밤나무 아래
    대장간이 서 있다.
대장장이는 힘이 세고
    손이 큰 사나이.
건장한 팔뚝 근육은
    무쇠처럼 튼튼하다.

까만 머리칼은 길게 곱실거리고,
    얼굴은 무두질한 가죽 같다.
이마는 정직한 땀으로 젖어
    열심히 돈을 번다.
그 누구에게도 빚진 것 없는 그는
    세상에 떳떳하다.

날이 바뀌고 세월이 바뀌어도
    날마다 그의 풀무질 소리 들리고,
규칙적으로 휘두르는
    그의 느리고 무거운 해머 소리 들린다.
저녁 해가 기울었을 때 울리는
    교회지기의 종소리처럼.

학교에서 집에 가던 아이들이
    열린 문 사이로 들여다본다.
아이들은 불타는 가마를 보고
    울어대는 풀무 소리 듣기를 좋아한다.
그리고 도리깨질 마당의 왕겨처럼
    날리는 불똥을 잡는다.

주일이면 교회에 가서
    자기 아이들 사이에 앉는다.

He hears the parson pray and preach,
    He hears his daughter's voice,
Singing in village choir,
    And it makes his heart rejoice.

It sounds to him like her mother's voice,
    Singing in Paradise!
He needs must think of her once more,
    How in the grave she lies;
And with his hard, rough hand he wipes
    A tear out of his eyes.

Toiling,—rejoicing,—sorrowing,
    Onward through life he goes;
Each morning sees some task begin,
    Each evening sees it close;
Something attempted, something done,
    Has earned a night's repose.

Thanks, thanks to thee, my worthy friend,
    For the lesson thou hast taught!
Thus at the flaming forge of life
    Our fortunes must be wrought;
Thus on its sounding anvil shaped
    Each burning deed and thought!

H. W. Longfellow

목사님의 설교와 기도를 듣고
　　마을 합창단에서 노래하는
딸의 목소리를 듣는다.
　　그러면 그의 가슴은 기쁨으로 가득 찬다.

딸의 노래 소리는 하늘나라에서 노래하는
　　딸아이 어머니 목소리만 같다!
그러면 어김없이 그는 무덤 속에 누워있을
　　아내 생각을 하고
그리고는 그의 거칠고 굳은 손으로
　　눈물을 닦아낸다.

애써 일하고―기뻐하고―슬퍼하며
　　그는 인생을 살아간다.
아침마다 새 일이 시작되고
　　저녁엔 일이 끝나는 것을 본다.
일을 계획하고 일을 완수하고
　　안식의 잠자리에 든다.

그대 존경스러운 내 친구여,
　　그대가 가르쳐준 교훈에 대해 감사한다.
우리의 운명 또한
　　불타는 인생의 가마 속에서 벼려져야 한다.
우렁차게 울리는 모루 위에서
　　불타는 행동과 사상이 만들어지는 것이다!

H. W. 롱펠로

TO LUCASTA, ON GOING TO THE WARS

1
    Tell me not, Sweet, I am unkind
        That from the nunnery
    Of thy chaste breast and quiet mind
        To war and arms I fly.

5
    True, a new mistress now I chase,
        The first foe in the field;
    And with a stronger faith embrace
        A sword, a horse, a shield.

    Yet this inconstancy is such
10
        As you too shall adore;
    I could not love thee, Dear, so much,
        Loved I not Honour more.

R. Lovelace

싸움터로 떠나며 루캐스터에게

수녀원처럼 순결하고 평화로운
    그대 가슴과 마음 버리고
싸움터로 떠난다고
    나를 무정타 말아다오.

나는 지금 새 연인을 쫓고 있으니,
    싸움터에서 맨 처음 만나는 적이라는 연인.
그리고 전보다 더 두터운 진심으로
    칼과 고삐와 방패를 잡는다.

그러나 이 배신은
    그대도 존경할 터.
나 만일 '명예'를 더 사랑치 않는다면,
    그처럼 그대 사랑도 하지 못할지니.

R. 라브레이스

SEA-FEVER

I must go down to the seas again, to the lonely sea and the sky,
And all I ask is a tall ship and a star to steer her by,
And the wheel's kick and the wind's song and the white sail's shaking,
And a grey mist on the sea's face and a grey dawn breaking.

I must go down to the seas again, for the call of the running tide
Is a wild call and a clear call that may not be denied;
And all I ask is a windy day with the white clouds flying,
And the flung spray and the blown spume, and the sea-gulls crying.

I must go down to the seas again to the vagrant gipsy life.
To the gull's way and the whale's way where the wind's like a whetted knife;
And all I ask is a merry yarn from a laughing fellow-rover,
And quiet sleep and a sweet dream when the long trick's over.

J. Masefield

바다에 들며

내 다시 바다로 가리, 고독한 바다와 하늘이 있는 그 곳으로.
내가 바라는 것은 오직 큰 배와 그 배를 인도할 별,
키의 반동과 바람의 노래, 흰 돛의 펄럭임.
그리고 바다 위에 드리운 잿빛 안개와 회색빛 여명.

내 다시 바다로 가리, 흐르는 파도소리는
거역할 수 없는 사나운 소리, 분명한 소리이기에.
내가 바라는 것은 오직 흰 구름 나부끼는 바람 거센 날.
그리고 튕기는 포말과 휘날리는 거품, 그리고 우짖는 갈매기.

내 다시 바다로 가리, 저 유랑하는 집시 생활로.
칼날처럼 날카로운 바람 부는 갈매기 길과 고래의 길로.
내가 바라는 것은 오직 웃고 떠들며 들려주는 유쾌한 뱃사람의 이야기.
일 끝난 뒤의 곤한 잠과 달콤한 꿈.

J. 메이스필드

PITY ME NOT

Pity me not because the light of day
At close of day no longer walks the sky;
Pity me not for beauties passed away
From field and thicket as the year goes by;
Pity me not the waning of the moon,
Nor the ebbing tide goes out to sea,
Nor that a man's desire is hushed so soon,
And you no longer look with love on me.

This have I known always: love is no more
Than the wide blossom which the wind assails,
Than the great tide that treads the shifting shore,
Strewing fresh wreckage gathered in the gales.
Pity me that the heart is slow to learn
What the swift mind beholds at very turn.

E. V. Millay

가엾다 말아주세요

날이 저물어 밝던 빛이 하늘에서 가시어버린다고
나를 가엾다 말아주세요.
한 해가 지나 아름다운 꽃들이 들판에서 사라져버린다고
나를 가엾다 말아주세요.
달이 이지러지고, 썰물은 다시 바다로 밀려나간다고,
또는 한 사내의 사랑이 그처럼 쉬이 가시어버려
이제 더는 나를 사랑의 눈빛으로 보지 않는다고
나를 가엾다 말아주세요.

나는 알고 있었으니까요. 사랑은 바람이 앗아가는
활짝 핀 꽃에 불과하다는 것을,
폭풍우 속에서 주워 모은 부서진 조각들을
여기저기 흘리고 다니는 밀물에 불과하다는 것을.
머리가 언제나 재빨리 알아차리는 것을
가슴이 때늦게 알게 된 것을 가엾게 여겨주세요.

E. V. 밀레이

THE LAST ROSE OF SUMMER

'Tis the last rose of summer,
    Left blooming alone;
All her lovely companions
    Are faded and gone;
No flower of her kindred,
    No rose-bud is nigh,
To reflect back her blushes,
    Or give sigh for sigh!

I'll not leave thee, thou lone one,
    To pine on the stem;
Since the lovely are sleeping,
    Go, sleep thou with them.
Thus kindly I scatter
    Thy leaves over the bed,
Where thy mates of the garden
    Lie scentless and dead.

So soon may *I* follow,
    When friendships decay,
And from Love's shining circle
    The gems drop away!
When true hearts lie withered,
    And fond ones are flown,
Oh, who would inhabit
    This bleak world alone?

T. Moore

마지막 여름 장미

홀로 피어 있는
　　마지막 여름 장미
사랑하는 벗들은 모두
　　색 바랜 채 가버렸다.
수줍은 모습 서로 바라보며
　　한숨 서로 나눌
친구 하나, 꽃송이 하나
　　주위엔 없다.

쓸쓸히 홀로 줄기 위에서 초췌하게 시들어가는
　　너를 홀로 두고 떠나지 않으련다.
사랑하는 친구들 모두 잠들었으니
　　너도 가서 함께 잠들거라.
그래 나는 친절히 네 잎을
　　정원의 네 친구들이
향기 잃고 죽어 누워있는
　　침상 위에 뿌린단다.

나도 곧 따라가리라,
　　우정의 꽃이 시들고
빛나는 사랑의 동아리 보석들이
　　떨어져나갈 때.
참된 사랑이 시들고
　　정든 이들이 떠나갈 때
아 뉘라서 황량한 이 세상에
　　홀로 살기를 바라랴.

T. 무어

THE LIGHT OF OTHER DAYS

Oft, in the stilly night,
    Ere slumber's chain has bound me,
Fond Memory brings the light
    Of other days around me:
      The smiles, the tears
      Of boyhood's years,
The words of love then spoken;
    The eyes that shone,
    Now dimm'd and gone,
    The cheerful hearts now broken!
Thus, in the stilly night,
    Ere slumber's chain has bound me,
Sad Memory brings the light
    Of other days around me.

When I remember all
    The friends, so link'd together,
I've seen around me fall
    Like leaves in wintry weather,
    I feel like one
    Who treads alone
Some banquet-hall deserted,
    Whose lights are fled,
    Whose garlands dead,
    And all but he departed!
Thus, in the stilly night,
    Ere slumber's chain has bound me,
Sad Memory brings the light
    Of other days around me.

T. Moore

그 옛날의 빛

잠에 빠져들기 전
    고요한 밤 자주
정겨운 추억이 그 옛날의 빛으로,
    어린 소년시절의
        미소로, 눈물로,
        그때 속삭였던 사랑의 말들로
    나를 감싼다.
        그때 빛나던 그 눈은
        지금은 흐려져 빛을 잃고,
    유쾌하던 그 가슴은 지금 슬픔에 잠겨있다!
그리하여 이 고요한 밤,
    잠에 빠져들기 전
슬픈 추억이 그 옛날의 빛으로
    나를 감싼다.

그처럼 다정히 어울려 놀던
    친구들이 모두
추운 계절의 낙엽처럼
    내 곁에서 떨어지던 것을
        보았던 생각을 할 때면
        나는 홀로
    인기척 없고,
        꽃은 시들어버린 연회장 한 가운데를,
        모두가 버리고 떠나간 곳을
    혼자 걷고 있는 느낌이 든다!
그리하여 이 고요한 밤,
    잠에 빠져들기 전
슬픈 추억이 그 옛날의 빛으로
    나를 감싼다.

T. 무어

WOODMAN, SPARE THAT TREE

Woodman, spare that tree!
    Touch not a single bough!
In youth it sheltered me,
    And I'll protect it now.
'Twas my forefather's hand
    That placed it near his cot;
There, woodman, let it stand,
    Thy ax shall harm it not.

That old familiar tree,
    Whose glory and renown
Are spread o'er land and sea,
    And wouldst thou hew it down?
Woodman, forbear thy stroke!
    Cut not its earth-bound ties;
O, spare that aged oak,
    Now towering to the skies!

When but an idle boy
    I sought its grateful shade;
In all their gushing joy
    Here too, my sisters played,
My mother kissed me here;
    My father pressed my hand—
Forgive this foolish tear,
    But let that old oak stand!

My heart-strings round thee cling,
    Close as thy bark, old friend!

나무꾼이여, 그 나무는 자르지 마라!

나무꾼이여, 그 나무는 자르지 마라.
    나뭇가지 하나도 건드리지 마라.
어린 시절 나무는 나를 보듬어주었으니
    이젠 내가 나무를 지킬 것이다.
그 나무는 우리 할아버지가
    집 근처에 심으셨던 나무.
그러니 나무꾼이여, 그 나무는 그대로 두라.
    그대 도끼가 나무를 다치게 하지는 않을 터이니.

저 낯익은 오래된 나무는
    그 영광과 명성이
널리 세상에 알려졌다.
    그런데도 그대는 저 나무를 도끼로 찍으려는가?
나무꾼이여, 그 손짓을 멈추라.
    땅에 깊이 뿌리박은 저 나무를 자르지 마라.
지금 하늘에 닿을 듯 자란
    저 오래된 참나무를 자르지 마라!

내 아직 철없는 어린아이였을 때
    나는 고마운 저 나무의 그늘을 찾았고,
솟구쳐 나오는 기쁨 속에
    여동생들도 여기서 놀았다네.
어머님은 여기서 내게 키스를 해주셨고
    아버님은 내 손을 꼭 잡아주셨다네.
주책없는 이 눈물을 용서하게,
    그러나 저 참나무만은 그대로 두라!

내 마음의 실타래는 나무껍질처럼
    네 둘레에 엉켜있구나, 오랜 친구여!

> Here shall the wild bird sing,
>   And still thy branches bend.
> Old tree! the storm still brave!
>   And, woodman, leave the spot!
> While I've a hand to save,
>   Thy ax shall hurt it not.

G. Morris

들새들이 나뭇가지를 흔들며
    여기서 노래하게 하라.
오래된 나무여! 용감히 폭풍과 맞서라!
    그리고 나무꾼이여, 이곳을 떠나라.
내가 살아있는 한 그대 도끼가
    나무를 상처 나게 하지는 않을 터이니.

G. 모리스

THE STRANGER

Never am I so alone
As when I walk among the crowd—
Blurred masks of stern or grinning stone,
Unmeaning eyes and voices loud.

Gaze dares not encounter gaze⋯
Humbled I turn my head aside;
When suddenly there is a face⋯
Pale, subdued, and grievous-eyed.

Ah, I know that visage meek,
Those trembling lips, the eyes which shine,
But turn from that which they would seek
With an air piteous, divine!

There is not a line or scar,
Seal of a sorrow or disgrace,
But I know like sigils are
Burned in my heart and on my face.

Speak! O speak! Thou art the one!
But thou hast passed with sad head bowed;
And never am I so alone
As when I walk among the crowd.

R. Nichols

낯선 사람

군중들 사이를 걸을 때처럼
외로울 땐 없다.
무서운 얼굴로 또는 이를 드러내며 웃는 얼굴로 돌 같은 가면을 쓴 채
무표정한 눈의 시끄러운 군중들 사이를 걸을 때처럼.

눈과 눈을 마주칠 용기도 없어
나는 맥없이 고개를 돌린다.
그때 갑자기 나는
창백하고 풀이 죽은 채 슬픈 눈을 한 사람을 본다.

아, 나는 그 양순한 얼굴을,
저 떨리는 입술을, 저 빛나는 눈을,
그러나 구하는 것으로부터 애처롭고 성스럽게
시선을 돌리는 그 눈을 알고 있다.

어느 한 주름도, 어느 한 흉터도
어느 슬픔이나 오명의 자국도
낙인으로 내 가슴과 얼굴에
새겨지지 않은 것은 없다.

말하라, 오, 말하라. 네가 바로 그 사람.
그러나 너는 슬프게 고개를 떨어뜨리고 사라진다.
그리고 나는 군중들 사이를 걸을 때처럼
외로울 땐 없다.

R. 니콜즈

THE ORPHAN BOY'S TALE

1   Stay, lady, stay, for mercy's sake,
         And hear a helpless orphan's tale;
     Ah! sure my looks must pity wake;
         'Tis want that makes my cheek so pale.

5   Yet I was once a mother's pride,
         And my brave father's hope and joy;
     But in the Niles's proud fight he died,
         And I am now an orphan boy.

     Poor foolish child! how pleased was I
10   When news of Nelson's victory came,
     Along the crowded streets to fly,
         And see the lighted windows flame!

     To force me home my mother sought;
         She could not bear to see my joy;
15   For with my father's life 'twas bought;
         And made me a poor orphan boy.

     The people's shouts were long and loud,
         My mother, shuddering, closed her ears;
     'Rejoice! rejoice!' still cried the crowd;
20   My mother answered with her tears.

     'Why are you crying thus,' said I,
         'While others laugh and shout with joy?'
     She kissed me—and, with such a sigh!
         She called me her poor orphan boy.

고아의 이야기

아주머니 제발 걸음을 멈추고
    의지할 곳 없는 고아의 이야기를 들어주세요.
아! 내 얼굴은 분명 동정심을 일으킬 것입니다.
    이처럼 내 볼이 파리한 것은 가난 때문입니다.

하지만 나는 한때 우리 엄마의 자랑이었습니다.
    그리고 용감한 우리 아빠의 희망과 기쁨이었습니다.
그러나 자랑스러운 나일 전투에서 아빠는 전사했고,
    나는 지금 고아입니다.

불쌍한 바보였지! 얼마나 나는 기뻐했던 지요.
    넬슨의 전승 소식이 전해져
혼잡한 거리로 날듯이 달려가
    불타듯 환하게 불이 켜진 창들을 보았을 때.

엄마는 나를 찾아 집으로 끌고 갔습니다.
    엄마는 내가 기뻐하는 걸 차마 볼 수가 없었습니다.
왜냐면 그 승리에 아빠는 목숨을 잃고
    나는 불쌍한 고아가 되었으니까요.

사람들의 환성은 길고 소리 높았습니다.
    엄마는 소름끼쳐 귀를 막았습니다.
"축하하세! 축하하세!" 군중의 환성은 계속되었습니다.
    환성에 엄마는 눈물로 답했습니다.

나는 물었습니다. "왜 그렇게 우는 거야, 엄마는?
    남들은 기뻐 소리치며 웃고 있는데."
엄마는 나에게 키스했습니다―깊은 한숨으로.
    그리고 엄마는 나더러 불쌍한 고아라고 말했습니다.

'What is an orphan boy? I cried,
    As in her face I looked, and smiled;
My mother, through her tears replied:
    'You'll know too soon, ill-fated child!'

And now they've tolled my mother's knell,
    And I'm no more a parent's joy;
O lady,—I have learned too well
    What 'tis to be an orphan boy!

Oh, were I by your bounty fed!—
    Nay, gentle lady, do not chide—
Trust me, I mean to earn my bread;
    The sailor's orphan boy has pride.

Lady, you weep!—ha!—this to me?
    You'll give me clothing, food, employ?
Look down, dear parents! look, and see
    Your happy, happy, orphan boy!

A. Opie

"고아가 뭔데?" 소리치며 나는
    엄마의 얼굴을 들여다보고 미소 지었습니다.
엄마는 눈물을 흘리며 대답했습니다.
    "곧 알게 될 거야, 불쌍한 것 같으니."

그리고 지금 저들은 엄마의 조종을 울리고
    나는 이젠 부모님의 기쁨이 아닙니다.
아! 아주머니, 나는 이제 너무나 잘 압니다.
    고아가 무엇인가를.

아, 만약 내가 아주머니 은혜로 산다면!
    아니에요, 상냥한 아주머니, 꾸짖지 마세요—
걱정 없어요. 나는 혼자 벌어 살 겁니다.
    수병의 아들은 자존심이 있는 걸요.

아주머니, 우시는군요. 아! 이걸 제게?
    옷이랑 먹을 거랑 일자릴 주시는군요!
아빠, 엄마 절 내려다보세요.
    아빠, 엄마의 행복한 이 고아를.

A. 오피 부인

078 ANTHEM FOR DOOMED YOUTH

1   What passing-bells for these who die as cattle?
    Only the monstrous anger of the guns.
    Only the stuttering rifles' rapid rattle
    Can patter out their hasty orisons.
5   No mockeries for them; no prayers nor bells,
    Nor any voice of mourning save the choirs,—
    The shrill, demented choirs of wailing shells:
    And bugles calling for them from sad shires.

    What candles may be held to speed them all?
10 Not in the hands of boys, but in their eyes
    Shall shine the holy glimmers of good-byes.
    The pallor of girl's brows shall be their pall;
    Their flowers the tenderness of patient minds.
    And each slow dust a drawing-down of blinds.

W. Owen

저주받은 청춘을 위한 송가

짐승처럼 죽어가는 이들을 위해 무슨 조종이 울리느뇨?
오직 분노에 떠는 저 무서운 대포 소리뿐.
더듬듯 따따거리며 조급한 기도를 지껄이는
기관총 소리뿐.
기도도 종소리도 쓸데없는 짓.
들리느니 미친 듯 울부짖는
포탄소리의 합창과
고국에서 슬피 들려오는 나팔 소리뿐.

무슨 촛불로 그들의 명복을 빌어 보내랴.
교회 소년들의 손에 든 촛불이 아니라 그들의 눈 속에서
거룩한 고별이 빛나게 하라.
소녀의 하얀 이마가 그들의 관 덮개,
인내심 많은 상냥한 마음이 그들의 꽃, 그리고
천천히 내려오는 어스름이 창을 가리는 그들의 장막.

W. 오언

ANNABEL LEE

It was many and many a year ago,
In a kingdom by the sea,
That a maiden there lived whom you may know
By the name of Annabel Lee;
And this maiden she lived with no other thought
Than to love and be loved by me.

I was a child and she was a child,
In this kingdom by the sea;
But we loved with a love that was more than love—
I and my Annabel Lee;
With a love that the winged seraphs of heaven
Coveted her and me.

And this was the reason that, long ago,
In this kingdom by the sea,
A wind blew out of a cloud, chilling
My beautiful Annabel Lee;
So that her highborn kinsman came
And bore her away from me,
To shut her up in a sepulchre
In this kingdom by the sea.

The angels, not half so happy in heaven,
Went envying her and me—
Yes!— that was the reason (as all men know,
In this kingdom by the sea)
That the wind came out of the cloud by night,
Chilling and killing my Annabel Lee.

애너벨 리

멀고 먼 옛날
바닷가 어느 왕국에
애너벨 리라는 이름을 가진
한 소녀가 살았습니다.
그녀의 소원은 오직 하나
나를 사랑하고 내 사랑을 받는 것뿐.

바닷가 왕국의
어린 아이들이었던 나와 그녀.
하지만 우리는 사랑 이상의 사랑으로 서로를 사랑했습니다,
나와 애너벨 리는.
날개달린 하늘의 천사들도
우리를 부러워할 만큼.

그 까닭에 그 옛날
바닷가 왕국에는
구름 속에서 찬바람이 불었고,
나의 아름다운 애너벨 리를 얼렸습니다.
그러자 그녀의 고귀한 친척들이 찾아와
내게서 그녀를 뺏어가
바닷가 왕국의 무덤 속에
가두어버렸습니다.

천국에서도 우리 행복에 멀리 못 미치는 하늘의 천사들은
그녀와 나를 줄곧 질투했습니다—
그렇습니다!—그 까닭에 (이곳 바닷가 왕국 사람들은
모두 알고 있지요)
한밤중 구름 속에서 바람이 불어와
내 애너벨 리가 얼어버리고 죽게 되었던 것입니다.

But our love it was stronger by far than the love
Of those who were older than we—
Of many far wiser than we—
And neither the angels in heaven above,
Nor the demons down under the sea,
Can ever dissever my soul from the soul
Of the beautiful Annabel Lee.

For the moon never beams without bringing me dreams
Of the beautiful Annabel Lee;
And the stars never rise but I feel the bright eyes
Of the beautiful Annabel Lee;
And so, all the night-tide, I lie down by the side
Of my darling—my darling—my life and my bride,
In the sepulchre there by the sea,
In her tomb by the sounding sea.

E. A. Poe

하지만 우리들의 사랑은
우리보다 나이든 사람들의 사랑보다,
우리보다 더 현명한 사람들의 사랑보다 훨씬 더 강했습니다.
하늘의 천사들도,
바다의 악마들도
내 영혼과 아름다운 애너벨 리의 영혼을
갈라놓을 수는 없었습니다.

왜냐하면 달님은 언제나 내게
아름다운 애너벨 리의 꿈을 가져다주고,
별님은 언제나 내게
아름다운 애너벨 리의 밝은 눈을 보여주니까요.
그래서 밤새 나는 사랑스럽고 사랑스러운 나의 생명,
나의 신부 옆에 누워있을 수 있습니다,
바닷가 그녀의 무덤 옆에,
소리치는 바닷가 그녀의 무덤 옆에.

E. A. 포

ALPS ON ALPS

A little learning is a dang'rous thing;
Drink deep, or taste not the Pierian spring:
There shallow draughts intoxicate the brain,
And drinking largely sobers us again.
Fir'd at first sight with what the Muse imparts,
In fearless youth we tempt the heights of Arts,
While from the bounded level of our mind,
Short view we take, nor see the lengths behind;
But more advanc'd, behold with strange surprise
New distant scenes of endless science rise!
So pleas'd at first the tow'ring Alps we try,
Mount o'er the vales, and seem to tread the sky,
Th' eternal snows appear already past,
And the first clouds and mountains seem the last:
But, those attain'd, we tremble to survey
The growing labours of the lengthen'd way,
Th' increasing prospect tires our wand'ring eyes.
Hills peep o'er hills, and Alps on alps arise!

A. Pope

산 위엔 또 산

배우다 마는 것은 위험한 것.
실컷 마시지 않으려거든 피에리아의 샘물은 마시지 마라.
조금만 마시면 우리 머리 취하나
실컷 마시면 다시 취기서 깨어나리.
뮤즈에게서 처음 받은 것에 우리 가슴은 불타
겁 없는 젊은 정열에 예술의 정상을 탐낸다.
그러나 우리 눈의 시야는 좁아
그 뒤에 있는 것 보지 못하나니,
조금만 올라가면 우리 눈엔 놀랍도록
끝없는 학문의 먼 길이 펼쳐진다!
기꺼이 우리는 높이 솟은 정상을 탐내고
골짜기를 올라가면 하늘은 발 밑.
사철 녹지 않는 산위의 눈도 지나면
처음 보았던 구름과 산이 마지막처럼 보이나
그곳에 올라가서 놀라며 우리는
한없이 뻗어있는 먼 길을 다시 본다.
두리번거리는 우리 눈 지치게 하는 광경은 끝이 없는 듯
고개 위에 또 고개, 산 위엔 또 산.

A. 포프

081   ON A CERTAIN LADY AT COURT

1   I know the thing that's most uncommon
(Envy, be silent, and attend!);
I know a reasonable woman,
Handsome and witty, yet a friend.
5   Not warped by passion, awed by rumor,
Not grave through pride, or gay through folly,
An equal mixture of good humor,
And sensible soft melancholy.
"Has she no faults then (Envy says); Sir?"
10 Yes, she has one, I must aver;
When all the world conspires to praise her,
The woman's deaf, and does not hear.

A. Pope

궁정의 어느 여인

나는 세상에 보기 드문 한 여인을 압니다.
(질시여, 조용히 내 얘길 들으라.)
그녀는 도리를 알며,
예쁘고 재치 있으며 다정합니다.
걱정 땜에 마음이 뒤틀리거나, 소문을 두려워하지 않습니다.
자만심에 엄숙하지도 않고, 못난 짓에 들떠있지도 않으며,
유머와 분별 있는 부드러운 우수가
알맞게 섞여 있습니다.
"그럼 그녀는 아무 결점도 없단 말이요?" 질시가 묻습니다.
아니 하나 있습니다, 정말입니다.
이 세상 모두가 한편이 되어 그녀를 칭찬할 때,
그녀는 귀가 어두워 그걸 듣지 못합니다.

A. 포프

AUNT JENNIFER'S TIGERS

Aunt Jennifer's tigers prance across a screen,
Bright topaz denizens of a world of green.
They do not fear the men beneath the tree;
They pace in sleek chivalric certainty.

Aunt Jennifer's fingers fluttering through her wool
Find even the ivory needle hard to pull.
The massive weight of Uncle's wedding band
Sits heavily upon Aunt Jennifer's hand.

When Aunt is dead, her terrified hands will lie
Still ringed with ordeals she was mastered by.
The tigers in the panel that she made
Will go on prancing, proud and unafraid.

A. Rich

제니퍼 아줌마의 호랑이들

제니퍼 아줌마의 호랑이들은 녹색 세상의 빛나는 황옥의 주민들,
벽걸이 그림 속에서 힘차게 뛰어오른다.
그들은 나무 아래 남자들을 두려워하지 않는다.
그들은 우아하게 기사처럼 자신 있게 걷는다.

털실 사이서 떨리는 제니퍼 아줌마의 손가락들은
상아 바늘 잡아당기는 것마저 버거워한다.
아저씨가 끼워준 커다란 결혼반지의 무게가
제니퍼 아줌마의 손을 짓누르고 있다.

아줌마가 돌아가셨을 때, 공포에 질린 아줌마의 두 손은
그녀를 지배했던 시련의 반지를 낀 채로 놓여있겠지만
그녀가 만든 화판 속의 호랑이들은
겁없이 자랑스럽게 뛰어오를 것이다.

A. 리치

RICHARD CORY

Whenever Richard Cory went down town,
    We people on the pavement looked at him:
He was a gentleman from sole to crown,
    Clean favored, and imperially slim.

And he was always quietly arrayed,
    And he was always human when he talked;
But still he fluttered pulses when he said,
    "Good morning," and he glittered when he walked.

And he was rich—yes, richer than a king,
    And admirably schooled in every grace:
In fine, we thought that he was everything
    To make us with that we were in his place.

So on we worked, and waited for the light,
    And went without the meat and cursed the bread;
And Richard Cory, one calm summer night,
    Went home and put a bullet through his head.

E. A. Robinson

리처드 코리

리처드 코리가 마을에 나타날 때마다
    길가의 우리들은 그를 바라보았다.
그는 발끝부터 머리끝까지 신사였다.
    얼굴은 말쑥하고 제왕처럼 늘씬했다.

그는 언제나 수수한 옷을 입었고,
    말할 때는 언제나 인간미가 있었다.
그래도 그가 아침 인사를 할 때면 우리들 심장은 뛰었고
    걸을 때는 빛이 났다.

게다가 그는 부자였다―정말 임금님보다도 더 부자였다.
    그리고 모든 점에 세련돼 있었다.
요컨대, 우리는 생각했다, 그는 만사에
    우리가 그렇게 되었으면 하는 사람이라고.

그렇게 우리는 우리 일을 계속하며 광명을 기다리고,
    고기는 못 먹고 빵을 지겨워했다.
그런데 리처드 코리는 어느 조용한 여름날 밤,
    집에 돌아가 머리에 총을 대고 방아쇠를 당겼다.

E. A. 로빈슨

A BIRTHDAY

My heart is like a singing bird
    Whose nest is in a watered shoot;
My heart is like an apple-tree
    Whose boughs are bent with thick-set fruit;
My heart is like a rainbow shell
    That paddles in a halcyon sea;
My heart is gladder than these
    Because my love is come to me.

Raise me a dais of silk and down;
    Hang it with vair and purple dyes;
Carve it in doves and pomegranates,
    And peacocks with a hundred eyes;
Work it in gold and silver grapes,
    In leaves and silver fleur-de-lys;
Because the birthday of my life
    Is come, my love is come to me.

C. Rossetti

생일

내 마음은
　　물이 오른 나뭇가지에 둥지 틀고 노래하는 새랍니다.
내 마음은
　　총총히 달린 과일로 휘 늘어진 사과나무랍니다.
내 마음은
　　조용한 바다 위 노저어가는 무지갯빛 영롱한 조가비랍니다.
내 마음은 이것들보다 더 기쁘답니다.
　　내 사랑이 내게 왔으니까요.

비단과 솜털로 단을 마련하고
　　모피와 자줏빛 천을 걸어주세요.
비둘기와 석류를 새겨주시고
　　백 개의 눈을 가진 공작도 새겨주세요.
잎에 쌓인 금빛 은빛 포도송이며
　　은빛 아이리스도 만들어 주세요.
내 일생의 생일
　　내 사랑이 왔으니까요.

　　　　　　　　　　　　　　　　C. 로세티

A CHRISTMAS CAROL

In the bleak mid-winter
    Frosty wind made moan,
Earth stood hard as iron,
    Water like a stone;
Snow had fallen, snow on snow,
    Snow on snow,
In the bleak mid-winter
    Long ago.

Our God, Heaven cannot hold Him,
    Nor earth sustain;
Heaven and earth shall flee away
    When He comes to reign:
In the bleak mid-winter
    A stable-place sufficed
The Lord God Almighty
    Jesus Christ.

Enough for Him, whom cherubim
    Worship night and day,
A breastful of milk
    And a mangerful of hay;
Enough for Him, whom angels
    Fall down before,
The ox and ass and camel
    Which adore.

Angels and archangels
    May have gathered there,

크리스마스 캐럴

황량한 어느 한겨울
    차가운 바람이 울부짖고,
땅은 쇠처럼 딱딱하게
    물은 돌처럼 얼어붙고,
눈이 내리고 또 내려
    쌓이고 또 쌓였다.
오래 전
    황량한 어느 한겨울에.

우리 하나님을 하늘이 붙잡을 수 없고
    땅도 지탱하기 힘들어
그가 다스리러 오는 날
    하늘과 땅은 도망가리라.
황량한 한겨울,
    마구간이면 족하리.
전능하신 우리 주
    예수 그리스도께는.

케루빔 천사가 밤낮으로 섬기는
    그분께서는 그것이면 족하다.
젖가슴 가득한 젖과
    여물통 가득한 건초면.
천사들이 그 앞에 무릎 꿇는
    그분께는 그것이면 족하다.
그를 숭상하는
    소와 나귀와 낙타면.

천사들과 천사장들이
    거기 모여들고,

>   Cherubim and seraphim
>   Throng'd the air,—
>   But only His mother
>   In her maiden bliss
>   Worshipped the Beloved
>   With a kiss.
>
>   What can I give him,
>   Poor as I am?
>   If I were a shepherd
>   I would bring a lamb;
>   If I were a wise man
>   I would do my part;
>   Yet what I can I give Him,—
>   Give my heart.

C. Rossetti

케루빔 천사들과 세라핌 천사들이
　　무리 지어 하늘로 날아들 수도 있었겠지만
그분의 어머님만이
　　처녀의 축복 속에서
사랑하는 그분을
　　키스로 경배하셨다.

가난한 내가
　　그분께 무엇을 드릴 수 있으랴?
내가 목동이라면
　　새끼 양을 끌고 가겠건만,
내가 동방박사라면
　　선물을 올리겠건만
나는 내가 드릴 수 있는 것—
　　내 마음을 드리리라.

C. 로세티

A DUMB FRIEND

I planted a young tree when I was young:
But now the tree is grown and I am old:
There wintry robin shelters from the cold
    And tunes his silver tongue.

A green and living tree I planted it,
A glossy-foliaged tree of evergreen:
All through the noontide heat it spread a screen
    Whereunder I might sit.

But now I only watch it where it towers:
I, sitting at my window, watch it tost
By rattling gale or silvered by the frost;
    Or, when sweet summer flowers,

Wagging its round green head with stately grace
In tender winds that kiss it and go by.
It shows a green full age: and what show I?
    A faded wrinkled face.

So often have I watched it, till mine eyes
Have filled with tears and I have ceased to see,
That now it sees a very friend to me,
    In all my secrets wise.

A faithful pleasant friend, who year by year
Grew with my growth and strengthened with my strength,
But whose green lifetime shows a longer length:
    When I shall not sit here.

말없는 친구

내가 어렸을 때 나는 작은 나무 하나를 심었지요.
그러나 그 나무는 자라고 나도 늙었지요.
추위를 피해 날아든 울새들이
    은방울 소리로 지저귑니다.

푸르고 싱그러운 나무를 심었지요.
상록의 잎이 반짝이는.
뜨거운 햇살이 쏟아질 때 내가 그 아래 앉을 수 있게
    그늘을 드리워주었지요.

그러나 지금 나는 그저 창가에 앉아
하늘 높이 솟아있는 그 모습을 바라보고,
세찬 바람 속에서 흔들리고 서리에 하얗게 얼어붙은 모습을 봅니다.
    혹은 여름 꽃이 한참 아름다울 때

부드럽게 입맞춤하고 지나가는 산들 바람 속에서
당당하고 우아한 둥근 녹색의 머리를 흔드는 것을 봅니다.
나무는 푸르게 성장했습니다. 그런데 나는요?
    색 바랜 주름투성이 얼굴뿐이지요.

수도 없이 바라보았습니다.
눈에 눈물이 고여 볼 수 없을 때까지.
그리하여 이제는 더할 나위 없는 친구 같습니다.
    내 비밀을 모두 아는.

해가 갈수록 나와 함께 자라고,
나와 함께 힘을 길러 온 충직하고 유쾌한 친구.
그러나 푸른 나무는 나보다 오래 삽니다.
    내가 여기 앉아 있지 않을 때도.

25   It still will bud in spring, and shed rare leaves
     In autumn, and in summer-heat give shade.
         And warmth in winter: when my bed is made
         In shade the cypress weaves.

C. Rossetti

봄이 오면 여전히 싹이 돋고, 가을이 되면
얼마 남지 않은 잎을 흩날리고, 뜨거운 여름엔 그늘을 드리우며,
겨울에는 온기를 품겠지요,
　　사이프러스 나무의 얼룩진 그늘 속에 내가 누워있을 때도.

C. 로세티

AFTER DEATH

The curtains were half drawn, the floor was swept
    And strewn with rushes, rosemary and may
    Lay thick upon the bed on which I lay,
Where through the lattice ivy-shadows crept.
He leaned above me, thinking that I slept
    And could not hear him; but I heard him say:
    "Poor child, poor child": and as he turned away
Came a deep silence, and I knew he wept.
He did not touch the shroud, or raise the fold
    That hid my face, or take my hand in his,
    Or ruffle the smooth pillows for my head:
He did not love me living; but once dead
He pitied me; and very sweet it is
To know he still is warm though I am cold.

C. Rossetti

나 죽은 뒤

커튼은 반쯤 드리우고 마루는 쓸려, 그 위엔
    등심초랑 로즈메리가 뿌려졌고,
    창살 틈으로 담쟁이 그림자 기어드는
나 누운 침대 위엔 두텁게 산사나무 꽃이 깔려 있었습니다.
내가 잠들어 그의 말 듣지 못한다고 생각한 그는
    내 위에 몸을 굽히고 내가 듣는 줄도 모르고 말했습니다.
    "불쌍한 것 같으니, 불쌍한 것 같으니." 그가 돌아서자
깊은 침묵이 흘렀고, 나는 그가 울고 있음을 알았습니다.
그는 내 수의나 얼굴 가린 천 젖히려하지 않았고
    내 손을 그의 손에 잡아주지도 않았습니다.
    눕기 편하게 베개를 눌러주지도 않았습니다.
    그는 생전에 나를 사랑하지 않았습니다. 그러나 내가 죽자
그는 나를 동정했습니다. 내가 이처럼 차가운데 그래도 그가
나에게 따뜻한 마음품고 있음을 아는 나는 한없이 기쁩니다.

C. 로세티

088 JUNE

Come, cuckoo, come;
Come again, swift swallow;
Come and welcome! when you come
Summer's sure to follow:
June the month of months
Flowers and fruitage brings too,
When green trees spread shadiest boughs,
When each wild bird sings too.

May is scant and crude,
Generous June is riper:
Birds fall silent in July,
June has its woodland piper:
Rocks upon the maple-tops
Homely-hearted linnet,
Full in hearing of his nest
And the dear ones in it.

If the year would stand
Still at June for ever,
With no further growth on land
Nor further flow of river
If all nights were shortest nights
And longest days were all the seven,
This might be a merrier world
To my mind to live in.

C. Rossetti

6월

　　　오라, 너 뻐꾸기 어서 오라.
　　　다시 오라 너 날쌘 제비야.
반갑다, 어서 오라! 너희가 올 때
　　　여름은 어김없이 뒤따라온다.
　　　달 중의 달인 6월엔
　　　꽃과 과일이 익고,
푸른 나무 울창한 가지를 펴며
　　　산새마다 즐거이 노래를 불러.

　　　5월은 초라하고 영글지 않았지만
　　　너그러운 6월은 더 여물고,
7월엔 새들이 잠잠하지만
　　　6월엔 새들 노래 즐겁다.
　　　집 걱정 가득한 홍방울새는
　　　둥지 속에서 짹짹대는 어린것들 울음소릴
지척에서 들으며
　　　단풍나무 가지 위에서 흔들거리고 있다.

　　　땅위엔 더 이상 초목이 자라지 않고,
　　　강물은 더 이상 흐르지 않고
한 해가 영원히
　　　6월에 머문다면,
　　　밤이 가장 짧고,
　　　낮이 가장 긴 6월에 머문다면,
이 세상 더욱 즐거우리
　　　이 마음 살기에.

　　　　　　　　　　　　　　C. 로세티

REMEMBER

Remember me when I am gone away,
Gone far away into the silent land;
When you can no more hold me by the hand,
Nor I half turn to go, yet turning stay.
Remember me when no more, day by day,
You tell me of our future that you planned;
Only remember me; you understand
It will be late to counsel then or pray.

Yet if you should forget me for a while
And afterwards remember, do not grieve;
For if the darkness and corruption leave
A vestige of the thoughts that once I had,
Better by far you should forget and smile
Than that you should remember and be sad.

C. Rossetti

기억해주세요

기억해주세요, 내가 떠났을 때,
멀리 고요의 나라로 가버렸을 때.
다시는 당신이 내 손을 잡을 수 없을 때,
가려고 나 반쯤 돌아서거나, 돌아서면서도 머물지 못할 때.
기억해주세요, 다시는 매일과 같이
당신이 계획하신 미래를 나에게 말할 수 없을 때,
나를 기억만 해주세요. 아실 거예요 당신은,
그땐 이미 충고나 간청이 늦다는 것을.

그러나 만일 당신이 잠시 나를 잊으셨다가
후에 다시 생각나는 일이 있더라도 슬퍼하진 마세요.
암흑과 부패가 한 때 내가 가졌던
생각의 흔적을 당신에게 남긴다면
나를 기억하고 슬퍼하시느니
차라리 잊고 웃어버리는 편이 나을 테니까요.

C. 로세티

UP-HILL

Does the road wind up-hill all the way?
    Yes, to the very end.
Will the day's journey take the whole long day?
    From morn to night, my friend.

But is there for the night a resting-place?
    A roof for when the slow dark hours begin.
May not the darkness hide it from my face?
    You cannot miss that inn.

Shall I meet other wayfarers at night?
    Those who have gone before.
Then must I knock, or call when just in sight?
    They will not keep you standing at that door.

Shall I find comfort, travel-sore and weak?
    Of labour you shall find the sum.
Will there be beds for me and all who seek?
    Yea, beds for all who come.

C. Rossetti

오르막길

이 길은 계속해서 오르막길인가요?
    끝까지 그렇다오.
하루해가 다 걸릴까요?
    아침부터 저녁까지라오.

그러나 밤에 쉴 곳은 있을까요?
    어둠이 천천히 내리기 시작하면 쉴 곳이 있으리다.
혹시 어두워 못 보지나 않을까요?
    그럴 일은 없을 거외다.

밤엔 다른 나그네들도 만나게 될까요?
    먼저 떠난 사람들을 만나게 되겠지요.
쉴 곳에 이르면 문을 두드리거나 소리쳐야 하나요?
    밖에 세워 두지는 않을 거외다.

발이 짓무르고 지친 저에게 안식처가 있을까요?
    고생한 보람이 있을 거외다.
저와 또 필요한 모든 이에게 잠자리가 있을까요?
    아무렴, 오는 사람 모두에게 잠자리가 있을 거외다.

C. 로세티

091   WHEN I AM DEAD, MY DEAREST

1   When I am dead, my dearest,
        Sing no sad songs for me;
    Plant thou no roses at my head,
        Nor shady cypress trees:
5   Be the green grass above me
        With showers and dewdrops wet;
    And if thou wilt, remember,
        And if thou wilt, forget.

    I shall not see the shadows,
10   I shall not feel the rain;
    I shall not hear the nightingale
        Sing on, as if in pain;
    And dreaming through the twilight
        That doth not rise nor set,
15   Haply I may remember,
        And haply may forget.

C. Rossetti

나 죽거든

나 죽거든 사랑하는 이여
    나를 위해 슬픈 노래 부르지 마세요.
내 머리맡엔 장미도 심지 마세요.
    그늘진 사이프러스 나무도 심지 마세요.
내 머리 위엔 비와 이슬에 젖은
    푸른 잎만이 무성케 해주세요.
원하신다면 기억해 주세요.
    아니면 잊으셔도 좋습니다.

나는 밀려드는 어둠을 보지 못할 것이며
    차가운 비도 느끼지 못할 거예요.
괴로운 듯 울어대는 나이팅게일 소리도
    듣지 못할 것이며
뜨지도 지지도 않는 황혼 속에서
    꿈꾸며
어쩌면 나는 기억할 거예요.
    그리고 어쩌면 잊을 거예요.

C. 로세티

092 A LOCAL TRAIN OF THOUGHT

Alone, in silence, at a certain time of night,
Listening, and looking up from what I'm trying to write,
I hear a local train along the Valley. And 'There
Goes the one-fifty,' think I to myself; aware
That somehow its habitual travelling comforts me,
Making my world seem safer, homelier, sure to be
The same to-morrow; and the same, one hopes, next year.
'There's peacetime in that train.' One hears it disappear
With needless warning whistle and rail-sounding wheels.
'That train's quite like an old familiar friend,' one feels.

S. Sassoon

완행열차에 부쳐

한밤중 늦은 시간에 홀로 앉아
써보려고 애쓰던 원고에서 고개를 쳐든 채 듣는다.
마을 어귀에 들어서는 완행열차.
'1시 50분차구나'하는 생각이 들면
습관 같은 기차 소리에 왠지 마음이 편안해 지고,
이 세상은 더 안전하고 더 편안해 보인다.
내일도, 그리고 내년도 그러리라 소망해본다.
'저 기차는 평화로운 것.' 기차는 공연한 기적을 울리고
바퀴소리 요란하게 마을을 빠져나간다.
'기차는 그리운 옛 친구 같은 것'이란 생각이 든다.

S. 사슨

THE VIOLET

The violet in her greenwood bower,
    Where birchen boughs with hazels mingle,
May boast itself the fairest flower
    In glen, or copse, or forest dingle.

Though fair her gems of azure hue,
    Beneath the dewdrop's weight reclining;
I've seen an eye of lovelier blue,
    More sweet through watery lustre shining.

The summer sun that dew shall dry,
    Ere yet the day be past its morrow;
Nor longer in my false love's eye
    Remained the tear of parting sorrow.

W. Scott

제비꽃

자작나무 가지와 개암나무 뒤섞여 있는
    숲 속 그늘의 너 제비꽃은
골짜기나 잡목 숲이나 숲 속 계곡에서
    가장 아름다운 꽃이라 해도 좋다.

이슬방울 무게에 비스듬히 누워있는
    보석 같은 파란 하늘색의 그대 아름다우나
나는 그보다 더 사랑스러운 파란색의 눈을 보았느니
    눈물방울이 반짝이는 아름다운 눈이어라.

아침이 끝나기도 전에 여름 해가
    이슬방울을 말려버리고,
내 거짓 연인의 눈에
    슬픈 이별의 눈물은 남아있지 않았노라.

W. 스코트

GRAND-PÈRE

And so when he reached my bed
The General made a stand:
"My brave young fellow," he said,
    "I would shake your hand."

So I lifted my arm, the right,
With never a hand at all;
Only a stump, a sight
    Fit to appall.

Well, well. Now that's too bad!
That's sorrowful luck," he said;
"But there! You give me, my lad,
    The left instead."

So from under the blanket's rim
I raised and showed him the other,
A snag as ugly and grim
    As its ugly brother.

He looked at each jagged wrist;
He looked, but he did not speak;
And then he bent down and kissed
    Me on either cheek.

You wonder now I don't mind
I hadn't hand to offer···
    They tell me (you know I'm blind)
    'Twas Grand-père Joffre.

R. W. Service

노장군

그리고 장군은 내 침대 곁으로 와서
걸음을 멈췄다.
그는 말하기를 "용감한 젊은 친구
　　나와 악수 하세나."

그래서 나는 팔을 들었다, 오른쪽 팔을.
손은 떨어져나간
밑동뿐인
　　보기에도 오싹한 놈을.

"저런, 그거 참 안 됐군.
지독하게 됐어," 장군은 말했다.
"그럼 젊은이, 대신
　　왼쪽 팔을 주게나."

그래서 나는 담요 밑으로부터
왼쪽 팔을 들어보였다.
그 흉한 오른쪽 짝처럼
　　끔찍한 나뭇가지 같은 팔을.

장군은 톱니 같은 좌우 팔목을 보았다.
보았으나 말은 없었다.
그리고 그는 허릴 굽혀 키스했다,
　　내 양 볼에.

내놓을 손이 없는 것을 내 개의치 않음을
그대 이상히 여긴다.
사람들 말에 의하면 (나는 눈이 멀었으니)
　　그는 노장군 조프르였다.

R. W. 서비스

SONNET 18

Shall I compare thee to a summer's day?
Thou art more lovely and more temperate:
Rough winds do shake the darling buds of May,
And summer's lease hath all too short a date:
Sometime too hot the eye of heaven shines,
And often is his gold complexion dimm'd;
And every fair from fair sometime declines,
By chance or nature's changing course untrimm'd;
But thy eternal summer shall not fade
Nor lose possession of that fair thou owest;
Nor shall Death brag thou wander'st in his shade,
When in eternal lines to time thou growest:
    So long as men can breathe or eyes can see,
    So long lives this and this gives life to thee.

W. Shakespeare

소네트 18번

나, 그댈 여름날에 견주어보리까?
그대는 여름날보다 더 사랑스럽고 더 온화합니다.
사실 5월의 거친 바람은 고운 꽃봉오리를 흔들어대고,
여름의 주어진 시간은 그저 짧기만 합니다.
때로 천상의 눈, 햇살은 너무 뜨겁고,
그의 금빛 얼굴은 곧잘 구름 속에서 흐려집니다.
모든 아름다움은 때로 기울어버립니다,
우연히, 아니면 정해진 자연의 진로에 따라.
그러나 그대의 영원한 여름날은 빛바래지 않을 것이며,
그대의 아름다움도 사라지지 않을 것이고,
죽음도 그대가 자신의 그늘 속을 헤맨다고 단언하지 못할 것입니다.
그것은 그대가 영원히 이 시편 속에 살고 있는 까닭입니다.
    사람들이 숨 쉬고 볼 수 있는 한,
    이 시는 살아남아 그대에게 영원한 생명을 줄 것입니다.

W. 셰익스피어

A SONG

A widow bird sate mourning for her love
    Upon a wintry bough;
The frozen wind crept on above,
    The freezing stream below.

There was no leaf upon the forest bare,
    No flower upon the ground
And little motion in the air
    Except the mill-wheel's sound.

P. B. Shelley

노래

짝 잃은 새 한 마리 겨울 나뭇가지에 앉아
    떠나간 님 그리워 운다.
하늘엔 차가운 바람이 불고
    가지 아랜 개울이 얼어붙었다.

벌거벗은 숲엔 나뭇잎 하나 없고
    땅에는 꽃 한 송이 없구나.
대기는 고요하고
    들리느니 물레방아 소리뿐.

P. B. 셸리

MY LOVE IS LIKE TO ICE

My Love is like to ice, and I to fire;
How comes it then that this her cold so great
Is not dissolved through my so hot desire,
But harder grows the more I her entreat?
Or how comes it that my exceeding heat
Is not allayed by her heart-frozen cold,
But that I burn much more in boiling sweat,
And feel my flames augmented manifold?
What more miraculous thing may be told,
That fire, which all things melts, should harden ice,
And ice, which is congeal'd with senseless cold,
Should kindle fire by wonderful device?
    Such is the power of love in gentle mind,
    That it can alter all the course of kind.

E. Spenser

님은 얼음

님이 얼음이면 나는 불.
그런데 어찌된 까닭인가,
뜨거운 내 사랑에도 그대 얼음 녹지 않고,
내 사랑 뜨거워질수록 그대 얼음 더욱 굳어짐은.
이 또한 어찌된 까닭인가,
끓는 듯 뜨거운 내 사랑이
심장마저 얼게 하는 그대 얼음에 식지 않고,
더욱 더 끓어올라 불길 더욱 높아짐은.
또 다시 있으랴 이보다 이상한 일,
만물을 녹이는 불이 얼음 더욱 얼게 하고,
뼈까지 마비시키는 차가운 얼음이
타는 불의 기름 되니.
　　다정한 마음 속 사랑의 힘이 무엇이기에
　　만물의 천성마저 바꾸는가.

E. 스펜서

WINTER

With little money in a great city

There's snow in every street
When I go up and down,
And there's no woman, man, or dog
That knows me in the town.

I know each shop, and all
These Jews, and Russian Poles,
For I go walking night and noon
To spare my sack of coals.

J. M. Synge

겨울
돈 없이 큰 도시에서

이리 저리 오가는 이 거리엔
온통 하얗게 눈이 내렸네.
이 거리엔 나를 아는 이 아무도 없네,
남자, 여자 그리고 개마저도.

나는 알지, 이 거리의 모든 상점들.
유태인들, 그리고 러시아 태생의 폴란드인들.
석탄 마대 비는 것 안타까워 이처럼
밤이며 낮이며 걷고 있으니까.

J. M. 싱

I SHALL NOT CARE

When I am dead and over me bright April
    Shakes out her rain-drenched hair,
Though you should lean above me broken-hearted,
    I shall not care.

I shall have peace, as leafy trees are peaceful
    When rain bends down the bough;
And I shall be more silent and cold-hearted
    Than you are now.

S. Teasdale

상관치 않겠어요

나 죽어 내 머리 위에 밝은 4월이
    비에 젖은 머리단을 풀어 헤칠 때,
쓰린 가슴 안고 당신이 내 위에 엎드린다 해도
    나는 상관치 않겠어요.

나는 평화로울 거예요, 내리는 비에 가지가 휘는
    잎 무성한 나무처럼.
그리고 지금의 당신보다
    더 말없이 냉담할 거예요.

S. 티즈데일

100   LET IT BE FORGOTTEN

Let it be forgotten, as a flower is forgotten,
  Forgotten as a fire that once was singing gold,
Let it be forgotten for ever and ever,
  Time is a kind friend, he will make us old.

If anyone asks, say it was forgotten
  Long and long ago,
As a flower, as a fire, as a hushed footfall
  In a long-forgotten snow.

S. Teasdale

잊어버려요

잊어버려요, 꽃을 잊어버리듯,
　　한때 금빛으로 활활 타올랐던 불을 잊어버리듯,
영원히 영원히 잊어버려요.
　　시간은 친절한 벗, 시간 따라 우리는 늙어가는 것.

누가 묻거든 말하세요.
　　멀고 먼 그 옛날에 잊었다고.
꽃처럼, 불처럼, 오래 전에 잊어버린 눈 속으로
　　사라진 발자국 소리처럼.

S. 티즈데일

101   LIKE BARLEY BENDING

Like barley bending
    In low fields by the sea,
Singing in hard wind
    Ceaselessly;

Like barley bending
    And rising again,
So would I, unbroken,
    Rise from pain;

So would I softly,
    Day long, night long,
Change my sorrow
    Into song.

S. Teasdale

굽어 휘는 보리와 같이

바닷가 낮은 들
    거센 바람 속
끊임없이 울어대며
    굽어 휘는 보리와 같이,

굽어 휘었다
    다시 일어나는 보리와 같이
나도 굴하지 않고
    고통 속에서 일어나련다.

나 또한 부드럽게
    밤을 낮에 이어
내 슬픔
    노래로 부르련다.

S. 티즈데일

102   BREAK, BREAK, BREAK

1 Break, break, break,
    On thy cold grey stones, O Sea!
  And I would that my tongue could utter
    The thoughts that arise in me.

5 O well for the fisherman's boy,
    That he shouts with his sister at play!
  O well for the sailor lad,
    That he sings in his boat on the bay!

  And the stately ships go on
10   To their haven under the hill;
  But O for the touch of a vanished hand,
    And the sound of a voice that is still!

  Break, break, break,
    At the foot of thy crags, O Sea!
15 But the tender grace of a day that is dead
    Will never come back to me.

A. Tennyson

부서지라, 부서지라, 부서지라

부서지라, 부서지라, 부서지라
    차가운 잿빛 바위 위에, 오 바다여!
내 마음속 일어나는 이 생각을
    모두 다 드러내어 말하고 싶구나.

저 어부의 아이는 좋을 테지,
    소리치며 동생과 노닐고 있는.
저 뱃사람의 아이는 좋을 테지,
    바다에 띄어 놓은 배 위에서 노래하는.

위풍당당한 배들이 가네,
    저 언덕 밑 안식처로.
그러나 그립구나, 사라진 손의 감촉과
    들을 수 없는 그의 목소리가.

부서지라, 부서지라, 부서지라.
    저 절벽 밑에, 오 바다여!
그러나 가버린 날의 상냥한 축복은
    다시 나에게 돌아오지 않으리.

A. 테니슨

CROSSING THE BAR

Sunset and evening star,
    And one clear call for me!
And may there be no moaning of the bar,
    When I put out to sea,

But such a tide as moving seems asleep,
    Too full for sound and foam,
When that which drew from out the boundless deep
    Turns again home.

Twilight and evening bell,
    And after that the dark!
And may there be no sadness of farewell,
    When I embark;

For tho' from out our bourne of Time and Place
    The flood may bear me far,
I hope to see my Pilot face to face
    When I have crossed the bar.

A. Tennyson

모래톱을 지나며

날이 저물고 저녁 별 떠오를 때
    나를 부르는 맑은 소리 있어라.
내가 바다로 나갈 때
    모래톱에 부딪치는 파도의 신음소리 없기를.

그러나 가득한 바닷물은 잠자듯
    소리도 거품도 없다.
한없이 깊은 곳에서 와
    다시 집으로 돌아갈 때는.

황혼이 내리고 저녁 종이 울리면
    그 뒤엔 캄캄한 암흑!
내가 배에 오를 때
    작별의 슬픔 없기를.

"시간"과 "장소"의 경계에서
    물길이 나를 멀리 밀어낸다 하여도
내가 모래톱을 건너고 나면
    나는 내 인도자를 마주할 것이기에.

A. 테니슨

104   RING OUT, WILD BELLS

Ring out, wild bells, to the wild sky,
    The flying cloud, the frosty light:
    The year is dying in the night;
Ring out, wild bells, and let him die.

Ring out the old, ring in the new,
    Ring, happy bells, across the snow:
    The year is going, let him go;
Ring out the false, ring in the true.

Ring out the grief that saps the mind,
    For those that here we see no more;
    Ring out the feud of rich and poor,
Ring in redress to all mankind.

Ring out a slowly dying cause,
    And ancient forms of party strife;
    Ring in the nobler modes of life,
With sweeter manners, purer laws.

Ring out the want, the care, the sin,
    The faithless coldness of the times:
    Ring out, ring out my mournful rhymes,
But ring the fuller minstrel in.

Ring out false pride in place and blood,
    The civic slander and the spite;
    Ring in the love of truth and right,
Ring in the common love of good.

힘차게 울려라, 사나운 종이여

힘차게 울려라, 사나운 종이여, 저 거친 하늘과
    날아가는 구름과 얼어붙은 빛 속으로.
    오늘밤 죽어가고 있는 묵은해
힘차게 종을 울려 숨 거두게 하라.

종을 울려 묵은해 떠나보내고 새해를 맞아들이라.
    즐거운 종소리가 눈 위로 울리게 하라.
    지고 있는 묵은해는 지게 하라.
종을 울려 거짓을 떠나보내고 진실을 맞아들이라.

종을 울려 더 이상 볼 수 없는 사람들 때문에
    마음의 진을 빼는 슬픔은 떠나보내라.
    부자와 빈자의 반목을 떠나보내고
종을 울려 전 인류를 위한 새 삶을 맞아들이라.

종을 울려 쉽게 사라지지 않는 고루한 주의주장들,
    오래된 당파 싸움을 떠나보내고,
    보다 고매한 삶, 더 아름다운 관습과 순수한 법을
종을 울려 맞아들이라.

종을 울려 결핍과 근심과 죄악을,
    이 시대의 신의 없는 냉담을 떠나보내라.
    구슬픈 내 노랜 떠나보내고
종을 울려 더 견실한 시인을 맞아들이라.

종을 울려 지위와 가문의 헛된 자만심,
    서로의 중상모략과 원한을 떠나보내고,
    진리와 정의를 아끼는 마음,
종을 울려 선에 대한 만인의 사랑을 맞아들이라.

25   Ring out old shapes of foul disease;
            Ring out the narrowing lust of gold;
            Ring out the thousand wars of old,
      Ring in the thousand years of peace.

      Ring in the valiant man and free,
30   The larger heart, the kindlier hand;
            Ring out the darkness of the land,
      Ring in the Christ that is to be.

A. Tennyson

종을 울려 해묵은 고질병들을 떠나보내고,
　　사람을 옹졸하게 만드는 황금의 탐욕,
　　과거의 수많은 전쟁일랑 떠나보내고,
종을 울려 천년의 평화를 맞아들이라.

종을 울려 용감하고 자유로운 사람과,
　　더 넓은 가슴과 더 살가운 손길을 맞아들이고,
　　이 땅의 어둠을 떠나보내고,
종을 울려 강림하실 그리스도를 맞아들이라.

　　　　　　　　　　　　　　　　A. 테니슨

105   SWEET AND LOW

Sweet and low, sweet and low,
    Wind of the western sea,
Low, low, breathe and blow,
    Wind of the western sea!
Over the rolling waters go,
Come from the dying moon, and blow,
    Blow him again to me;
While my little one, while my pretty one, sleeps.

Sleep and rest, sleep and rest,
    Father will come to thee soon;
Rest, rest, on mother's breast,
    Father will come to thee soon;
Father will come to his babe in the nest,
Silver sails all out of the west
    Under the silver moon:
Sleep, my little one, sleep, my pretty one, sleep.

A. Tennyson

감미롭고 고요하게

감미롭고 고요하게, 감미롭고 고요하게
　　서쪽 바다에서 불어오는 바람아
고요히, 고요히 불어라
　　서쪽 바다에서 불어오는 바람아!
굽이치는 파도 위를 넘어
지는 달이 있는 곳에서
　　내 어린 것이, 내 귀여운 아기가 잠든 사이
그를 내게로 데려오너라.

고이 자거라, 고이 자거라,
　　아빠가 곧 네게 올 거란다.
자거라, 자거라, 엄마 품에서,
　　아빠가 곧 네게 올 거란다.
은빛 달빛 아래
은빛 돛을 펼치고 서쪽 바다에서
　　잠든 아가에게 아빠가 돌아오리니,
잘 자라, 내 어린 것, 내 귀여운 아가, 잘 자라.

A. 테니슨

106   THE BEE AND THE FLOWER

The bee buzz'd up in the heat:
"I am faint for your honey, my sweet."
The flower said, "Take it my dear,
For now is the spring of the year;
     So come, come!"
       "Hum!"
And the bee buzz'd down from the heat.

And the bee buzz'd up in the cold
When the flower was wither'd and old:
"Have you still any honey, my dear?"
She said, "It's the fall of the year,
     But come, come!"
       "Hum!"
And the bee buzz'd off in the cold.

A. Tennyson

벌과 꽃

벌은 따뜻한 대기 속으로 날아올랐다.
"꽃 아가씨, 당신 꿀이 탐나는구려."
"가져가세요, 벌님,
지금은 봄이잖아요,
　　　　자 어서 오세요," 꽃이 답했다
　　　　　　　"윙"
벌은 대기 속에서 내려왔다.

벌은 차가운 대기 속으로 날아올랐다.
꽃이 시들고 늙었을 때,
"꽃 아가씨, 아직도 꿀이 남았나요?"
"벌써 가을인걸요, 하지만
　　　　이리 오세요," 꽃이 답했다.
　　　　　　　"윙"
벌은 차가운 대기 속으로 날아갔다.

A. 테니슨

107   **ON A GIRDLE**

1   That which her slender waist confined
Shall now my joyful temples bind;
No monarch but would give his crown
His arms might do what this has done.

5   It was my heaven's extremest sphere,
The pale which held that lovely deer;
My joy, my grief, my hope, my love
Did all within this circle move.

A narrow compass! and yet there
10 Dwelt all that's good, and all that's fair.
Give me but what this ribband bound,
Take all the rest the sun goes round.

E. Waller

허리띠

그녀의 가는 허리 둘러싼 띠
기꺼이 내 머리에 매리라.
어느 왕인들 내놓지 않으랴, 그의 왕관.
이 허리띠처럼 그녀의 허리 안을 수 있다면.

이 띠는 내 하늘의 전부.
사랑스런 사슴 가두는 울타리랄까.
내 기쁨, 내 슬픔, 내 희망, 내 사랑,
모두 이 울타리 안에서 움직이네.

허리띠는 좁은 세계! 하지만 그 속엔,
아름답고 좋은 것 모두 들어있었네.
내게는 이 띠가 두른 것만 주고,
나머지는 모두 다 가져가도 좋아.

E. 월러

108   **O CAPTAIN! MY CAPTAIN!**

O Captain! my Captain! our fearful trip is done;
The ship has weathered every rack, the prize we sought is won;
The port is near, the bells I hear, the people all exulting,
While follow eyes the steady keel, the vessel grim and daring:
    But O heart! heart! heart!
      O the bleeding drops of red,
        Where on the deck my Captain lies,
          Fallen cold and dead.

O Captain! my Captain! rise up and hear the bells;
Rise up—for you the flag is flung—for you the bugle trills;
For you bouquets and ribboned wreaths—for you the shores a-crowding;
For you they call, the swaying mass, their eager faces turning;
    Here Captain! dear father!
      This arm beneath your head;
        It is some dream that on the deck,
          You've fallen cold and dead.

My Captain does not answer, his lips are pale and still;
My father does not feel my arm, he has no pulse nor will;
The ship is anchored safe and sound, its voyage closed and done;
From fearful trip, the victor ship, comes in with object won;
    Exult, O shores, and ring, O bells!
      But I, with mournful tread,
        Walk the deck my Captain lies,
          Fallen cold and dead.

W. Whitman

아 선장님, 나의 선장님!

아 선장님, 나의 선장님! 두려운 우리 항해는 이제 끝이 났습니다.
배는 온갖 곤란을 이겨내고 우리가 바라던 바를 이루었고,
항구가 다가오자 종소리와 환희에 찬 함성이 들리며,
사람들은 용골을, 늠름하고 담대한 배를 쳐다봅니다.
　　그러나 오 내 가슴, 내 가슴, 내 가슴이여!
　　　　나의 선장님이 쓰러져
　　　　　　차갑게 누워있는 갑판 위에
　　　　　　　　흐르는 이 붉은 피.

아 선장님! 나의 선장님!
일어나시라―깃발은 당신을 위해 휘날리고―당신을 위해 나팔소리가 떨리나이다.
당신을 위해 꽃다발과 리본달린 화환이 마련되었고, 당신을 보러 군중이 해안에 운집하였나이다.
웅성거리는 저 군중은 상기된 얼굴을 쳐들고 당신을 부릅니다.
　　여길 보십시오 선장님! 친애하는 아버지시여!
　　　　제 팔을 당신의 머리 아래 고였나이다.
　　　　　　당신이 죽어 갑판 위에 이처럼 차갑게 누워있는 것은
　　　　　　　　그저 하나의 악몽일 것입니다.

나의 선장은 대답이 없습니다. 그의 입술은 창백하고 말이 없습니다.
나의 아버지는 내 팔을 느끼지 못하며, 맥박은 끊기고 의식도 없습니다.
배는 무사히 닻을 내리고, 무서운 항해로부터 이 승리의 배가
바라던 목표를 가지고 돌아와 항해는 끝이 났습니다.
　　오 해안의 군중이여, 함성을 지르라. 그리고 종을 울리라.
　　　　그러나 나는 슬픈 걸음걸이로
　　　　　　선장이 쓰러져
　　　　　　　　차갑게 누워있는 갑판 위를 걷습니다.

W. 휘트먼

109   **THE BEASTS**

I think I could turn and live with animals, they are
    so placid and self-contain'd;
I stand and look at them long and long.
They do not sweat and whine about their condition;
They do not lie awake in the dark and weep for their sins;
They do not make me sick discussing their duty to God;
Not one is dissatisfied; not one is demented with the mania
    of owning things;
Not one kneels to another, nor to his kind that lived
    thousands of years ago;
Not one is respectable or unhappy over the whole earth.

W. Whitman

짐승

나는 짐승이 되어 그들과 함께 살았으면 한다. 그들은 그토록
    온화하고 말이 없다.
나는 서서 오래 오래 그들을 바라본다.
그들은 땀 흘려 애써 일하는 일도 없고, 제 신세를 한탄하며
    우는 소릴 내지도 않는다.
그들은 죄진 까닭에 잠 못 이루고 어둠 속에서 우는 일도 없으며,
신에 대한 의무를 논하여 나를 역겹게 만드는 일도 없다.
아무도 불만이 없다. 욕심에 미치는 일도 없다.
다른 자에게, 혹은 수천 년 전에 살았던 같은 종족 앞에 무릎
    꿇는 일도 없다.
온 세상에서 아무도 그들은 잘나지도 불행하지도 않다.

W. 휘트먼

IN SCHOOL DAYS

Still sits the schoolhouse by the road,
    A ragged beggar sunning;
Around it still the sumachs grow,
    And blackberry vines are running.

Within the master's desk is seen,
    Deep scarred by raps official;
The warping floor, the battered seats,
    The jackknife's carved initial;

The charcoal frescoes on its wall;
    Its door's worn sill, betraying
The feet that, creeping slow to school,
    Went storming out to playing!

Long years ago a winter sun
    Shone over it at setting;
Lit up its western window panes,
    And low eaves' icy fretting.

It touched the tangled golden curls,
    And brown eyes full of grieving,
Of one who still her steps delayed
    When all the school were leaving.

For near her stood the little boy
    Her childish favor singled;
His cap pulled low upon a face
    Where pride and shame were mingled.

학창시절

아직도 학교는 길가에 서 있고
    넝마 걸친 거지도 햇볕을 쪼이고 있다.
학교 둘레엔 아직도 옻나무가 자라고
    검은 딸기 넝쿨도 벽을 타고 오른다.

교실 안에 선생님 책상이 보인다,
    두들긴 회초리로 심하게 상처가 난.
뒤틀린 마루며, 망가진 의자며,
    칼로 새긴 이름 첫 글자도 보인다.

벽에는 숯으로 낙서한 그림이 있고,
    닳아버린 문지방은
도살장에 끌려오는 소걸음 같던 발걸음과
    놀기 위해 날듯 뛰쳐나간 발자국을 보여준다.

오래전 어느 겨울
    저물어가는 햇빛이 교사를 비추었다.
서쪽으로 난 창문을 밝게 비추고
    낮게 드리운 차갑고 부식한 처마를 비추었다.

햇빛은 학생이 모두 떠난 학교에서
    아직도 머뭇거리고 서 있는 한 소녀의
헝클어진 금발 곱슬 머리칼과
    슬픔이 가득한 갈색 눈을 비추었다.

왜냐면 그녀 옆엔 어린 그녀가 나름대로 점지한
    어린 소년이 서 있었기 때문이다.
모자를 깊게 눌러 쓴 소년의 얼굴엔
    자랑스러움과 수줍음이 뒤섞여 있었다.

> Pushing with restless feet the snow
>   To right and left, he lingered;—
> As restless her tiny hands
>   The blue-checked apron fingered.
>
> He saw her lift her eyes: he felt
>   The soft hand's light caressing,
> And heard the tremble of her voice,
>   As if a fault confessing.
>
> "I'm sorry that I spelt the word:
>   I hate to go above you,
> Because,"—the brown eyes lower fell—
>   "Because, you see, I love you!"
>
> Still memory to a gray-haired man
>   That sweet child-face is showing.
> Dear girl! the grasses on her grave
>   Have forty years been growing!
>
> He lives to learn, in life's hard school,
>   How few who pass above him
> Lament their triumph and his loss,
>   Like her—because they love him.

J. G. Whittier

초조하게 발로 눈을 이리저리 흩으리며
　　소년은 아직도 머뭇거리고 서 있었다—
하늘색 체크무늬의 앞치마를 만지작거리는
　　그녀의 작은 손처럼 초조하게.

그는 소녀가 눈을 쳐드는 것을 보았다.
　　그는 보드라운 그녀의 손길을 느꼈다.
그리고 떨리는 그녀의 목소리를 들었다,
　　마치 잘못이라도 고백하듯.

"내가 그 단어를 맞춰 미안해.
　　너보다 더 잘하는 게 싫어.
왜냐면"—그녀는 갈색 눈을 떨궜다—
　　"왜냐면, 있잖아, 내가 널 좋아하니까!"

아직도 반백의 사나이 눈에
　　사랑스러운 그녀의 앳된 얼굴이 보인다.
귀여운 소녀! 그녀의 무덤 위에
　　풀이 자란 지 벌써 40년!

그는 살아가며 배운다, 인생의 교실에서,
　　그보다 앞서 가며 자기의 승리와 그의 패배를
애석해하는 이가 거의 없다는 것을,
　　—그 소녀처럼 그를 사랑하기 때문에.

J. G. 휘티어

LUCY

She dwelt among the untrodden ways
    Beside the springs of Dove;
A maid whom there were none to praise,
    And very few to love:

A violet by a mossy stone
    Half hidden from the eye!
Fair as a star, when only one
    Is shining in the sky.

She lived unknown, and few could know
    When Lucy ceased to be;
But she is in her grave, and oh,
    The difference to me!

W. Wordsworth

루시

그녀는 도브 강가
    인적 끊긴 길가에 살았다네.
칭찬하여주는 이도 없고
    사랑해 주는 이도 거의 없이.

이끼 낀 바위 옆에
    반쯤 숨어 핀 오랑캐꽃인 양.
하늘에 홀로 반짝이는
    아름다운 별인 양.

남모르게 살았으니
    그들은 그녀가 사라진 줄도 모르리.
그러나 그녀는 지금 무덤에 누워있고
    아! 내게는 한없는 슬픔이라네.

W. 워즈워스

112 THE DAFFODILS

1 I wander'd lonely as a cloud
    That floats on high o'er vales and hills,
When all at once I saw a crowd,
    A host, of golden daffodils;
5 Beside the lake, beneath the trees,
Fluttering and dancing in the breeze.

Continuous as the stars that shine
    And twinkle on the Milky Way,
They stretch'd in never-ending line
10   Along the margin of a bay:
Ten thousand saw I at a glance,
Tossing their heads in sprightly dance.

The waves beside them danced, but they
    Out-did the sparkling waves in glee:
15 A poet could not but be gay,
    In such a jocund company:
I gazed—and gazed—but little thought
What wealth the show to me had brought:

For oft, when on my couch I lie
20   In vacant or in pensive mood,
They flash upon that inward eye
    Which is the bliss of solitude;
And then my heart with pleasure fills,
And dances with the daffodils.

W. Wordsworth

수선화

골짜기와 언덕 위 흘러가는 구름인 양
     외로이 홀로 떠돌고 있을 때,
갑자기 내 눈에 들어온 한 무리의 수선화.
     호숫가에서, 나무 아래서
불어오는 미풍에 팔랑이며 춤추던
황금빛 수선화.

반짝이며 빛나는 은하수의 별처럼
     끝없이 줄을 지어
호숫가 따라 피어있는 수선화들.
     한 눈에 펼쳐지는 만송이 수선화,
유쾌히 춤을 추며
바람에 흔들리는 머리들.

수선화 옆에선 물결도 춤추었지만,
     견줄 바 못되었지, 기쁨에 춤추던 수선화에겐.
이처럼 유쾌한 무리와 벗되어
     시인 어찌 흥겹지 않으리!
보고 또 보았지만—
그 광경이 가져다 준 행복을 거의 알지 못하였지.

넋 잃고 생각에 잠겨
     자리에 누었을 때 종종
마음의 눈에 비치는 수선화의 모습.
     고독한 생활 속 천상의 기쁨이라네.
그러면 내 가슴은 기쁨으로 가득 차,
수선화들과 함께 춤을 추네.

W. 워즈워스

113 THE RAINBOW

My heart leaps up when I behold
    A rainbow in the sky:
So was it when my life began,
So is it now I am a man.
So be it when I shall grow old,
    Or let me die!
The child is father of the Man;
And I could wish my days to be
Bound each to each by natural piety.

W. Wordsworth

무지개

하늘에 걸린 무지개 바라보는
　　내 가슴은 뛰어라.
어렸을 때도 그러했고
어른이 된 지금도 그러하며
늙은 후에도 그러하였으면.
　　아닐 바엔 차라리 죽는 것이 나으리!
'어린이'는 '어른'의 아버지.
내 삶의 하루하루가
　　타고난 경건함에 잇달려 있기를.

W. 워즈워스

114   THE REVERIE OF POOR SUSAN

1   At the corner of Wood Street, when daylight appears,
Hangs a Thrush that sings loud, it has sung for three years:
Poor Susan has passed by the spot, and has heard
In the silence of morning the song of the Bird.

5   'Tis a note of enchantment; what ails her? She sees
A mountain ascending, a vision of trees;
Bright volumes of vapour through Lothbury glide,
And a river flows on through the vale of Cheapside.

Green pastures she views in the midst of the dale,
10   Down which she so often has tripped with her pail;
And a single small cottage, a nest like a dove's,
The one only dwelling on earth that she loves.

She looks, and her heart is in heaven: but they fade,
The mist and the river, the hill and the shade:
15   The stream will not flow, and the hill will not rise,
And the colours have all passed away from her eyes!

W. Wordsworth

불쌍한 수잔의 꿈

동이 틀 무렵 우드 거리 한 모퉁이에
3년을 소리높이 지저귀는 지빠귀가 걸려있다.
불쌍한 수잔은 그 곳을 지날 때면
아침의 정적 속에서 그 노래를 들었다.

그것은 마법의 노래. 노래 소리에 왠지 모르게 그녀에겐
높이 솟은 산과 나무들이 보이고,
로스베리 거리로 미끄러져가는 한 아름의 운무와
치프사이드 계곡으로 흐르는 강이 보인다.

그 골짜기 한 가운데에 목장이 보인다.
우유 통을 들고 수없이 내려갔던 목장.
그리고 비둘기 둥지같이 조그마한 외로운 오두막,
이 세상에서 그녀가 사랑하는 단 하나의 집.

그 풍경 바라보는 그녀의 마음은 천상. 그러나 그 모든 것들,
안개와 강과 언덕과 그늘이 사라진다.
강은 흐르지 않고 언덕도 솟아오르지 않는다.
그리고 모든 색과 빛이 그녀의 눈에서 사라져버린다!

W. 워즈워스

WE ARE SEVEN

A Simple Child,
That lightly draws its breath,
And feels its life in every limb,
What should it know of death?

I met a little cottage Girl:
She was eight years old, she said;
Her hair was thick with many a curl
That clustered round her head.

She had a rustic, woodland air,
And she was wildly clad:
Her eyes were fair, and very fair;
—Her beauty made me glad.

"Sisters and brothers, little maid,
How many may you be?"
"How many? Seven in all," she said,
And wondering looked at me.

"And where are they? I pray you tell."
She answered, "Seven are we;
And two of us at Conway dwell,
And two are gone to sea.

"Two of us in the church-yard lie,
My sister and my brother;
And, in the church-yard cottage, I
Dwell near them with my mother."

우리는 일곱

순진한 어린아이
가볍게 숨을 쉬고
팔다리마다 힘이 넘치는 어린아이
그 아이가 죽음에 대해 무엇을 알까?

어린 시골 소녀를 만났다.
나이는 여덟이라 했다.
그 아이 머리는
숱이 많은 곱슬 머리칼로 덮여있었다.

그 아이는 소박하고 숲에 사는 아이다웠다.
옷은 아무렇게나 입고
눈은 매우, 매우 아름다웠다.
―그 아름다움이 나를 기쁘게 했다.

"작은 아가씨는 언니랑 오빠가
몇이나 되지?"
"몇이냐고요? 우린 합해서 일곱이에요."
그리고는 미심쩍게 나를 쳐다보았다.

"어디들 있는지 가르쳐주지 않으련?"
아이가 대답했다. "우린 일곱이에요.
둘은 콘웨이에 살고
둘은 뱃사람이에요."

"둘은 교회 무덤에 누워있어요,
언니랑 오빠는요.
그리고 그 교회 옆 오두막집에서
나랑 엄마가 살아요."

"You say that two at Conway dwell,
And two are gone to sea,
Yet ye are seven?—I pray you tell,
Sweet Maid, how this may be."

Then did the little Maid reply,
"Seven boys and girls are we;
Two of us in the church-yard lie,
Beneath the church-yard tree."

"You run about, my little Maid,
Your limbs they are alive;
If two are in the church-yard laid,
Then ye are only five."

"Their graves are green they may be seen,"
The little Maid replied,
"Twelve steps or more from my mother's door,
And they are side by side.

"My stockings there I often knit,
My kerchief there I hem;
And there upon the ground I sit,
And sing a song to them.

"And often after sun-set, Sir,
When it is light and fair,
I take my little porringer.
And eat my supper there.

"The first that died was sister Jane;
In bed she moaning lay,

"둘은 콘웨이에서 살고,
둘이 뱃사람이 되었다면서
어째서 식구가 일곱일까?―예쁜 아가씨,
어찌된 일인지 가르쳐주지 않으련."

그러자 그 귀여운 아가씨가 대답했다.
"우린 모두 합해서 일곱이에요.
우리들 중 둘은 교회 묘지에 누워있어요,
교회 나무 밑에요."

"이봐요, 작은 아가씨, 거기가 이상한데.
아가씨 팔다리는 모두 움직이는데
둘이 교회 묘지에 누워있다면
아가씨네는 다섯뿐이지."

"그들 무덤이 파랗지요, 여기서도 보일 거예요."
작은 아가씨가 대답했다.
"집에서 열두 발자국 쯤 떨어진 곳에
언니 오빠가 나란히 누워있어요."

"거기선 난 자주 털실로 양말을 뜨고
손수건을 감치기도 해요.
거기서 땅바닥에 앉은 채
그들에게 노래도 불러주고요."

"그리고, 아저씨, 해진 다음에 자주
아직 밖이 밝고 아름다울 때
난 접시를 가지고 가서
함께 저녁도 먹어요."

"처음에 죽은 건 언니 제인인데,
침대에 누워 괴로워 신음했어요.

Till God released her of her pain;
And then she went away.

"So in the church-yard she was laid;
And, when the grass was dry,
Together round her grave we played,
My brother John and I.

"And when the ground was white with snow,
And I could run and slide,
My brother John was forced to go,
And he lies by her side."

"How many are you, then," said I,
"If they two are in heaven?"
Quick was the little Maid's reply,
"O Master? we are seven."

"But they are dead; those two are dead!
Their spirits are in heaven!
'Twas throwing words away; for still
The little Maid would have her will,
And said, "Nay, we are seven!"

W. Wordsworth

하나님이 언니를 고통에서 풀어줄 때까지.
그리고 언니는 가버렸어요."

"그래서 지금 교회 묘지에 누워 있는 거예요.
그리고 풀이 말랐을 때
오빠 존이랑 나는
언니 무덤 둘레에서 놀았어요."

"그리고 땅에 눈이 하얗게 내렸을 때
난 뛰고 썰매를 탈 수 있었는데
오빠도 떠날 수밖에 없게 되어
지금 언니 옆에 누워있어요."

"그러니까 몇 사람이지?
그 두 사람이 하늘나라에 있다면?"
어린 아가씨가 재빨리 대답했다.
"그러니까, 아저씨, 일곱이잖아요."

"그러나 그들은 죽었잖아. 그 두 사람은 말이지.
그들의 영혼은 하늘나라에 있다고."
그러나 그것은 말의 낭비였다. 왜냐면
그 어린 아가씨는 고집을 꺾으려 하지 않고
말했다. "아니요, 우린 일곱이에요."

W. 워즈워스

116 **VELVET SHOES**

1
Let us walk in the white snow
 In a soundless space;
With footsteps quiet and slow,
 At a tranquil pace,
5
 Under veils of white lace.

I shall go shod in silk,
 And you in wool,
White as a white cow's milk,
 More beautiful
10
 Than the breast of a gull.

We shall walk through the still town
 In a windless peace;
We shall step upon white down,
 Upon silver fleece,
15
 Upon softer than these.

We shall walk in velvet shoes;
 Wherever we go
Silence will fall like dews
 On white silence below.
20
 We shall walk in the snow.

E. Wylie

비로드 신

같이 걸어요, 흰 눈 속을.
    저 소리 없이 조용한 곳을.
조용하게 천천히
    고요한 걸음걸이로
    우리 저 흰 망사 밑을 걸어요.

나는 비단 구두를 신을테야요.
    그리고 당신은 양털 신.
흰 소의 젖처럼 흰,
    갈매기 가슴보다 더 아름다운
    신을 신어요.

같이 걸어요, 조용한 거리를,
    바람도 없는 평화로운 거리를.
같이 걸어요, 흰 솜털 위를,
    은빛 양털 위를,
    그보다 더 보드라운 눈 위를 같이 걸어요.

비로드 신을 신고 같이 걸어요.
    어디를 가든
대지의 흰 침묵 위에
    침묵은 이슬져 나릴 거예요.
    우리 같이 걸어요, 저 흰 눈 속을.

E. 와일리

117   THE FALLING OF THE LEAVES

Autumn is over the long leaves that love us.
And over the mice in the barley sheaves;
Yellow the leaves of the rowan above us,
And yellow the wet wild-strawberry leaves.

The hour of the waning of love has beset us,
And weary and worn are our sad souls now;
Let us part, ere the season of passion forget us,
With a kiss and a tear on thy drooping brow.

W. B. Yeats

낙엽

가을은 오다, 우리를 사랑하는 긴 나뭇잎 위에.
그리고 보릿단 속 생쥐 위에.
머리 위 마가목은 누렇게 물들고
이슬 젖은 산딸기 잎 또한 노랗게 물들다.

이지러지는 우리 사랑의 가을이 와
우리의 슬픈 영혼 지치고 피곤하네.
헤어지자, 정열의 계절이 우릴 잊기 전에.
그대의 숙여진 이마 위에 키스와 눈물을 남기고.

W. B. 예이츠

HE WISHES FOR THE CLOTHS OF HEAVEN

Had I the heavens' embroidered cloths,
Enwrought with golden and silver light,
The blue and the dim and the dark cloths
Of night and light and the half-light,
I would spread the cloths under your feet:
But, I being poor, have only my dreams;
I have spread my dreams under your feet;
Tread softly because you tread on my dreams.

W. B. Yeats

하늘의 옷감

나에게 만일 금빛 은빛 실로 짠
수놓인 하늘의 옷감이 있다면,
밤과 낮과 황혼의
어둡고 푸르고 희끄무레한 옷감이 있다면
그대 발밑에 깔아주련만,
내 가난하여 가진 것 꿈밖에 없어
그대 발밑에 내 꿈을 까노니,
사뿐히 밟으시라, 그 꿈 위를.

W. B. 예이츠

119   THE HEART OF WOMAN

1
O what to me the little room
That was brimmed up with prayer and rest;
He bade me out into the gloom,
And my breast lies upon his breast.

5
O what to me my mother's care,
The house where I was safe and warm:
The shadowy blossom of my hair
Will hide us from the bitter storm.

O hiding hair and dewy eyes,
10
I am no more with life and death,
My heart upon his warm heart lies,
My breath is mixed into his breath.

W. B. Yeats

여자의 마음

기도와 안식으로 가득 찬 방 따위가
제게 무슨 소용 있겠습니까.
그대 나에게 어둠 속으로 나오라 하심에
나의 가슴은 그대 가슴 위에 있습니다.

어머니의 걱정이나 아늑하고 따뜻한 집 따위가
제게 무슨 소용 있겠습니까.
꽃 같이 까만 나의 머릿단이
폭풍우로부터 우리를 가려줄 것입니다.

우릴 에워싸 주는 머릿단과 이슬진 눈이여,
나에겐 이미 삶도 죽음도 없습니다.
나의 가슴 그대 따뜻한 가슴 위에 있고
나의 숨결 그대 숨결에 어울려 있습니다.

W. B. 예이츠

120 THE LAKE ISLE OF INNISFREE

I will arise and go now, and go to Innisfree,
And a small cabin build there, of clay and wattles made;
Nine bean rows will I have there, a hive for the honey bee,
    And live alone in the bee-loud glade.

And I shall have some peace there, for peace comes dropping slow,
Dropping from the veils of the morning to where the cricket sings;
There midnight's all a-glimmer, and noon a purple glow,
    And evening full of the linnet's wings.

I will arise and go now, for always night and day
I hear lake water lapping with low sounds by the shore;
While I stand on the roadway, or on the pavements gray,
    I hear it in the deep heart's core.

W. B. Yeats

이니스프리 섬

나 이제 일어나 가리라, 이니스프리 섬으로.
진흙이랑 수숫대로 작은 초가집 짓고
아홉 이랑 콩밭을 갈며 꿀벌도 치련다.
    꿀벌 시끄러운 숲속 빈터에서 홀로 살리라.

그 곳엔 평화가 깃들리. 평화는 방울져 떨어지는 것.
아침 안개가 드리울 때부터 저녁 귀뚜라미 울 때까지.
한밤중엔 어슴푸레한 빛이 스미고, 낮은 보랏빛으로 빛나며,
    저녁은 날아다니는 홍방울새로 가득 찬다.

나 이제 일어나 가리라, 낮과 밤 끊임없이
호숫가에서 찰싹거리는 나지막한 물소리 들리노니,
잿빛 보도 위 먼지 이는 길 위에서도
    나는 마음 속 깊이 그 물소리 듣고 있네.

W. B. 예이츠

121 **THE LOVER PLEADS WITH HIS FRIEND FOR OLD FRIENDS**

1   Though you are in your shining days,
    Voices among the crowd
    And new friends busy with your praise,
    Be not unkind or proud,
5   But think about old friends the most:
    Time's bitter flood will rise,
    Your beauty perish and be lost
    For all eyes but these eyes.

W. B. Yeats

연인이 그의 벗에게 옛 친구를 소중히 여길 것을 간청하다

비록 그대 지금은 황금시대에 있고
사람들의 입에 오르내리며
새 친구들 그대 칭찬에 입이 마르나,
거만하거나 박정하지 말고
옛 친구를 가장 소중히 여겨야 하는 것이
쓰디 쓴 시간의 홍수 일 때면
그대 아름다움은 사라지고
옛 친구 제외한 뭇사람에겐 잊히기 때문.

W. B. 예이츠

■ 작품을 수록한 시인

Barnes, William (1801-1886)   Binyon, Laurence (1869-1943)   Blake, William (1757-1827)

Blunden, Edmund Charles (1896-1974)   Bourdillon, Francis William (1852-1921)   Bridges, Robert (1844-1930)

Brooke, Rupert (1887-1915)   Browning, Elizabeth Barrett (1806-1861)   Browning, Robert (1812-1889)

Burns, Robert (1759-1796) Byron, George Gordon, Sixth Baron (1788-1824) Campbell, Thomas (1777-1844)

Carey, Henry (1687?-1743) Cibber, Colley (1671-1757) Clare, John (1793-1864)

Clough, Arthur Hugh (1819-1861) Coleridge, Hartley (1796-1849) Colum, Padraic (1881-1972)

Davies, William Henry (1871-1940)   De la Mare, Walter (1873-1956)   Dickinson, Emily (1830-1886)

Dobson, Austin (1840-1921)   Dolben, Digby Mackworth (1848-1867)   Eliot, Thomas Stearns (1888-1965)

Emerson, Ralph Waldo (1803-1882)   Field, Eugène (1850-1895)   Frost, Robert Lee (1874-1963)

Garland, Hannibal Hamlin (1860-1940)   Goldsmith, Oliver (1730-1774)   Hardy, Thomas (1840-1928)

Herbert, George (1593-1633)   Herrick, Robert (1591-1674)   Hodgson, Ralph (1872-1962)

Hood, Thomas (1799-1845)   Housman, Alfred Edward (1859-1936)   Hovey, Richard (1886-1918)

Keats, John (1795-1821)   Kilmer, Alfred Joyce (1866-1918)   Lamb, Charles (1775-1834)

Landor, Walter Savage (1775-1864)   Lawrence, David Herbert (1885-1930)   Longfellow, Henry Wadsworth (1807-1882)

Lovelace, Richard (1618-1657)   Masefield, John (1878-1967)   Millay, Edna Vincent (1892-1950)

Moore, Thomas (1779-1852) Morris, George Perkins (1802-1864) Nichols, Robert (1893-1944)

Opie, Amelia (1769-1853) Owen, Wilfred (1893-1918) Poe, Edgar Allan (1809-1849)

Pope, Alexander (1688-1744) Rich, Adrienne (1929-   ) Robinson, Edwin Arlington (1869-1935)

 Rossetti, Christina Georgina (1830-1894)
 Sassoon, Siegfried (1886-1967)
 Scott, Sir Walter (1771-1832)

 Service, Robert William (1874-1958)
 Shakespeare, William (1564-1616)
 Shelley, Percy Bysshe (1792-1822)

 Spenser, Edmund (1552-1599)
 Synge, John Millington (1871-1909)
 Teasdale, Sara (1884-1933)

Tennyson, Alfred (1809-1892)   Waller, Edmund (1606-1687)   Whitman, Walt (1819-1892)

Whittier, John Greenleaf (1807-1892)   Wordsworth, William (1770-1850)   Wylie, Elinor Hoyt (1885-1928)

Yeats, William Butler (1865-1939)

■ 주석

Anonymous

(001) **The Old Mother**
- 1 **set aside**=set apart, separate; pay no attention to.
- 3 **in their service**=in serving them; looking after them.
- 4 **shove[ʃʌv]**=push off roughly 난폭하게 밀어내다.
- 5 **for decency's sake**=for the sake of propriety 체면상.
- 6 **out of the way**=in a position so as not to hinder 거추장스럽지 않게, 방해가 되지 않게.
- 7 **tremulous**=trembling.
- 8 **check**=stop, hold back; curb 중단시키다. **mirth**=merriment 유쾌함.
- 10 **cradle**=shelter as in a cradle (애기를) 흔들어 어르다.
- 13 **No matter for that**=It is no matter; It is of no importance; That makes no matter. **huddle off**=crowd together; nestle closely 마구 쑤셔 넣다.
- 14 **wince**=flick, draw back (showing fear or pain) 움찔하고 놀라다, 주춤하다. **jest**=joke, fun.
- 15 **plain**=readily understood; simple.

Anonymous

(002) **The Twa Corbies**

작자 미상의 이 민요는 Scott의 *Border Minstrelsy*에 수록된 것으로서, 1611년에 간행된 'The Three Ravens'라는 시의 패러디이다. 원작에서는 사냥개, 매, 아내 모두가 기사에게 충직하게 묘사돼 있다. 스코틀랜드 방언이 많이 사용되고 있으며, 이 시를 현대어로 옮기면 다음과 같다.

The Two Crows

As I was walking all alone,
I heard two crows (or ravens) making a moan;
One said to the other,
"Where shall we go and dine today?"

"In behind that old turf wall,
I sense there lies a newly slain knight;
And nobody knows that he lies there,
But his hawk, his hound and his lady fair."

"His hound is to the hunting gone,
His hawk to fetch the wild-fowl home,
His lady's has taken another mate,
So we may make our dinner sweet."

"You will sit on his white neck-bone,
And I'll peck out his pretty blue eyes;
With one lock of his golden hair
We'll thatch our nest when it grows bare."

"Many a one for him is moaning,
But nobody will know where he is gone;
Over his white bones, when they are bare,
The wind will blow for evermore."

Twa [twɔ:]=two. **Corbies**=ravens 갈까마귀.

1. **alane**[əli:n]=alone.
2. **mane** [mi:n]=moan 신음소리.
3. **tane** [ti:n]=the one. that ane(=one)이 퇴화한 형태. **tother**=the other. that other가 퇴화한 형태.
4. **sall**=shall. **gang**=go.
5. **In behint**=Behind. **yon**=yonder 저기. **auld** [ɔ:ld]=old. **fail** [fe:l]=turf 잔디. **dyke**=제방, 둑.
6. **wot**=I know. **slain**=slay(=to kill)의 과거분사.
7. **naebody**[ne:bɔdi]=nobody. **kens**=knows.
8. **But**=except. **lady fair**=fair lady.
9. **gane** [gi:n]=gone.
10. **hame** [hi:m]=home.
11. **ta'en** [te:n]=taken. **mate** [mi:t]=lover.
12. **mak** [mak]=make. **dinner sweet**=sweet dinner.
13. **Ye'll**=You will. **hause-bane** [hɔ́:sbi:n]=neck-bone.
14. **pike out**=peck out 파내다. **bonny**=beautiful. **een** [i:n]=eyen=eyes.

15 **Wi**=With. **ae** [e:]=one, a. **o**=of. **lock**=hair. **gowde**n [góudən]=golden.
16 **theek**=thatch 지붕을 잎으로 이다.
17 **Mony**[mɔ́ni] **a**=Many a 많은.
18 **namne** [ni:n]=none.
19 **Oe'r**=Over.
20 **blaw** [blau]=blow. **for evermair** [èvərmí:r]=for evermore=for ever.

Barnes, William (1801-1886)

영국의 시인. Whiltshire의 변호사 사무실에서 서기로 일한 적이 있으며, 그 뒤 학교에서 교장을 지냈다. 그러고 난 뒤 Cambridge를 나와 목사가 되었다. *Poems of Rural Life in Dorset Dialect*(1844)를 출간. 800편 이상의 시를 썼다.

(003)   ***The Mother's Dream***
3 **touching**=moving 애처로운.
11 **in train**=in succession; one after another 줄지어.
23 **put…out**=extinguish (불을) 끄다.

Binyon, Laurence (1869-1943)

영국의 시인, 비평가. 대영박물관(British Museum)의 동양부장으로서 동양 미술에 조예가 깊었다. Blake 연구가로도 유명하다.

(004)   ***Pine Trees***
비장한 느낌의 이 시는 학창을 떠나 사회로 첫발을 내딛는 젊은이들을 위한 송별시로 어울린다.
3-4 **Tall pines, chained together, They carry**=They carry tall pines chained together.
4 **They**=jolting waggons.
6 **rock**=move gently to and fro; sway from side to side 앞뒤(좌우)로 흔들다.
7 **to fare**=to go.
12 **Career**=go swiftly 전속력으로 달리다.
13-4 **exchange for the steady earth Heaving deck**=the steady earth를 Heaving deck와 바꾸다=지금까지의 안정된 대지 대신 출렁거리는 갑판을 맛보게 된다.
14 **scent**=pleasant smell.

15-6 **Honeyed…the bitter air**=exchange for wild-thyme, gorse, and heather for The sting of the spray, the bitter air=wild-thyme이나 gorse, heather 대신 the sting of the spray나 the bitter air를 맛보게 된다.

15 **wild-thyme**=야생 사향초. 분홍빛 꽃이 핀다. **gorse**=furze 가시 금작화. **heather**=히스.

Blake, William (1757-1827)

영국의 시인이며 화가이다. 런던의 한 직공의 아들로 태어났으며, 교육은 받지 못했으나 어려서부터 미술에 자질을 보이기 시작했다. 1783년에 친구들이 모아준 돈으로 처녀시집을 냈으며, 1789년에는 자기가 장정하고 삽화를 그려 넣은 시집 *Songs of Innocence*를 출판했다. 이 시집에서 그는 처음으로 신비주의적인 경향을 보였으며, 하나님의 사랑과 동정은 삼라만상 속에 깃들고, 고뇌와 비애 속에도 깃든다는 사상을 보여주었다. *Songs of Experience*(1794)는 *Songs of Innocence*와 현저한 대조를 이루는 작품으로서, 초기 작품의 밝고 명랑한 색채가 침울하고 신비한 것으로 변했으며, 구속적인 율법에 대한 반항의 소리와 사랑의 힘에 대한 찬양의 소리가 더 높아진 것을 볼 수 있다. 그는 많은 시를 쓰는 한편 단테의 '신곡' 등 유명한 작품의 삽화를 그려 미술가로서의 위대성을 보이기도 했다.

(005) **On Another's Sorrow**

1 **woe**[wou]=bitter grief, distress 비탄, 고뇌.
13 **He**=God.
14 **Hear the wren with sorrows small**=Hear the small wren's sorrows.
20 **Maker**=God.
26 **doth**=does.

(006) **The Tiger**

조물주에 대한 경외감을 노래한 시로서 영시 중의 걸작으로 인정받는다.

1 **burning bright**=고양이 과에 속하는 호랑이는 야행성 동물이어서 밤에는 눈이 빛을 반사해서 환하게 빛나는 것처럼 보인다.
3 **immortal**=of God.
4 **frame**=shape 만들다. **symmetry**=a correct proportion; beauty resulting from this 균형(미). **fearful symmetry**=무서운 균형. 무서울 정도로 완벽하게 자리 잡은 호랑이 사지의 균형.
5 **deeps**=sea.
6 **thine**=thy.

- 7   **he**=the maker. **aspire**=ascend, rise high 높이 오르다.
- 10   **sinews**=힘줄, 근육.
- 12   **What dread hand?**=What dread hand was used in framing the rest of thy body?
- 15   **anvil**=a block of iron with a flat top on which metals are worked in forging 모루.
- 16   **its**=thy.
- 17   **When the stars threw down their spears**=When the day broke 날이 밝았을 때.
- 17   **And water'd heaven with their tears**=아침 이슬로 하늘을 적실 때.

Blunden, Edmund Charles (1896-1974)

영국의 시인이며 비평가. 런던에서 태어나 아름다운 Kent 주의 시골에서 자라나고 뒤에 Oxford의 입학 허가를 받았으나 세계대전이 일어나자 프랑스에 출전하였다. 휴전 후에는 다시 Oxford에 입학하였고, 연구와 시를 쓰는 일에 전심하였으며, 후에는 잡지 *Athenaeum*의 부주필이 되었다. 시집 *The Waggoner*(1920)와 *The Shepherd*(1922)에 의해 그의 시적 자질을 인정받아 Hawthornden 상을 받았다. 잡지를 만드는 일에 관계하는 한편 Oxford 대학의 영문학 강사로 있었다. 그의 저작들은 많고 그 중에서도 특히 그를 유명하게 만든 것은 전투에 참가했던 경험을 쓴 *Undertone of War*(1928)이다.

(007) *From a Study Window*
- 4   **moils**=work hard, toil.
- 8   **what grace is there!**=what grace there is!
- 11   **as soon reply**=as soon as the diamond sunbeam revives you good leaves reply.
- 13   **lodge**=체재하다, 머무르다.

Bourdillon, Francis William (1852-1921)

영국의 시인. 몇 권의 시집이 있으나 주로 'The Night Has a Thousand Eyes'라는 짧은 시로 알려져 있다. 인간은 잘못이나 위험을 피하기 위해 '이성'이라는 수많은 눈을 가지고 있다. 그러나 감정은 '사랑'이라는 하나의 눈 밖에 가지고 있지 않다. 그러나 사랑은 태양과 같아 사랑이 사라져버리면 별들은 빛을 낼 수 없게 된다.

(008) *The Night Has a Thousand Eyes*

2 **the day but one**=the day has only one eye=the sun.

Bridges, Robert (1844-1930)
영국의 시인. Oxford 대학을 나와 처음엔 의사가 되었으나 나중에 문학으로 전향했다. 계관 시인이 되었으나 지시에 따라 시를 쓰지는 않았다. 영국 문학 상 가장 길고 가장 철학적인 *The Testament of Beauty*는 그가 죽기 반년 전에 출간되었다. 그러나 그의 이름은 주로 짧은 시에서 알려져 있다. 그는 가장 영국적인 시인이며 언어의 음악성에 극히 민감한 시인으로 알려져 있다.

(009)   *A Poppy Grows Upon the Shore*
제목이 따로 없어서 관례대로 첫 행을 제목으로 삼았다.
- 2 **cup**=a cup-shaped calyx of a flower; sepal 꽃잎을 밖에서 감싸고 있는 꽃받침. **summer late**=late summer. late를 4행말의 delicate와 운을 맞추기 위해 어순을 바꿨다.
- 3 **glaucous**[glɔ́:kəs]=dull greyish green or blue 엷은 청록색의. **hoar**=greyish-white 회백색의.
- 7 **for**=대신.
- 8 **gale**=very strong wind or storm 강풍.
- 9 **the red**=the red poppy.
- 10 **corn**=미국에서는 주로 옥수수를, 영국에서는 밀을, 스코틀랜드에서는 귀리를 가리킨다.
- 12 **forlorn**=sad and abandoned or lonely; desperate, hopeless, forsaken 쓸쓸히 버림받은.

Brooke, Rupert (1887-1915)
영국의 시인. Rugby 고등학교에서 교편을 잡고 있던 아버지 밑에서 교육받고 Cambridge 대학에 들어가 Elizabeth 조 시대 문학을 연구했으며, 1911년에 최초의 시집 *Poems*를 발표했다. 그 뒤 미국에 건너가서 잡지 *New Numbers*를 시작했으나 제1차 세계대전이 일어나자 출전했다가 발병하여 그리스에서 병사했다. 살아있는 동안에는 이름이 알려져 있지 않던 그는 죽은 뒤 일약 시단에서 유명해져 *1914 and Other Poems*(1915)는 전생 시의 표본이 되었다.

(010)   *The Soldier*
- 4 **richer dust**=흙이 된 시체.

5 **aware**=not ignorant, having knowledge 철이 든.
6 **her**=of England.
8 **blest**=blessed 축복받은.
10 **no less**=못지않게.

Browning, Elizabeth Barrett (1806-1861)
영국의 여류 시인. 여덟 살 때 그리스 어로 Homer를 읽고 또 시를 썼다. 열다섯 살 때 말에서 떨어져 척추를 다쳐 그 뒤 수년 동안 집안에서 누워 지냈다. 몸은 약했으나 지력이 뛰어나 Robert Browning과 결혼하기 전 이미 An Essay on Mind(1826) 등 여러 권의 시집으로 널리 알려져 있었다. 1845년 Robert Browning과 만나 결혼한 뒤 프랑스를 거쳐 Florence로 가서 일생을 그 곳에서 지냈고, 죽은 뒤에도 그 곳에 묻혔다. Robert Browning과의 사랑을 노래한 Sonnets from the Portuguese(1850)는 솔직하고 아름다운 고백이다. 'If Thou Must Love Me'는 그 가운데서도 널리 애송되고 있는 시이다. 한편 Robert Browning과의 사랑은 최근 Rudolf Besier의 명 희곡 The Barretts of Wimpole Street(1930)와 Virginia Woolf의 Flush(1933)에 의해 더욱 널리 알려졌다.

(011) ***If Thou Must Love Me***
1-2 **naught Except**=nothing but, only 오로지.
4 **trick**=a peculiar or characteristic habit or mannerism 버릇.
5 **falls in**=agree 일치하다. **certes**[sə́:tiz]=certainly 틀림없이.
6 **ease**=state of being comfortable.
8 **wrought**=made, created. work의 과거, 과거분사.
9 **be unwrought**=be put back to former condition; be undone or destroyed 본래의 상태로 되돌려지다.
11 **creature**=person 사람.
12 **thereby**=by that; in consequence of that 그 때문에.
13 **evermore**=for ever 영원히.

Browning, Robert (1812-1889)
영국의 시인. Alfred Tennyson과 더불어 Victoria 조를 대표하는 시인으로 문학을 애호하는 은행가의 아들로 태어나 대학에도 가지 않고 독학으로 공부했다. 일찍부터 시를 동경하여 Byron, Shelley 등을 좋아했으며, 특히 Shelley에 대한 숭배열은 평생 변하지 않았다. 1833년 처녀 시집 Pauline을 출간했으며, 이어 1840년에는 난해하기로 유명한 *Paracelsus*를 발표했고, 이듬해에는 *Belles and Pomegranates*라는 시집의 첫 권인 *Pippa Passes*를 발표했다. 그 후 여러 편의 시극도 발표하였으며, 그의 예리한 심리 묘사는 성격해부술 둘도 없는 날카로운 표본이 되고 있다. 이 특색을 가장 잘 살린 작품은 극적독백의 형식으로 쓴 *Men and Women*(1855)과 *Dramatist Personae*(1864)로서, 이 작품들은 그를 일약 Tennyson과 맞먹는 대 시인으로 만들어 놓았다. 그는 당시 유명한 여류시인 Elizabeth Barrett와 알게 되어 열렬한 사랑에 빠졌으며, 1846년에 결혼하여 Florence에서 살았다. 병든 몸이었던 그의 아내는 1861년에 일찍이 세상을 떠났다. 그는 그 결혼한 15년 동안 이탈리아를 떠나지 않았으며 'Home-thoughts'를 비롯한 그의 수많은 서정시들은 이 시기의 소산이다. 런던에 돌아온 뒤에도 명성은 점점 높아져 그가 살아 있는 동안에 Browning Society가 생길 정도였다. 그는 만년에 이르기까지 창작을 멈추지 않았고 Venice에서 객사할 때까지 20년 간 열네 권의 시집을 냈다.

(012) **Home-Thoughts from Abroad**
    1   **to be**=I wish to.
    5   **brush-wood**=cut or broken twigs; a thicket 잔가지, 관목.
    6   **bole**=the stem or trunk of a tree (나무의) 줄기. **are in tiny leaf**=싹이 움트다.
    7   **chaffinch**=되새, 방울새.
    10   **whitethroat**=휘파람새. 흰목 새. 참새의 일종.
    12   **scatter**=throw about 흩뿌리다. 이처럼 꽃과 이슬을 흩뿌리는 것은 가는 가지 위에 thrush가 올라앉아 가지를 흔들기 때문.
    14   **thrush**=지빠귀. **That's the wise thrush**=That is the song of wise thrush. 지금 이 시인에게는 thrush의 울음소리가 들려오기 때문에 That's라고 동사의 현재형을 쓰고 있다. 이 시의 다른 동사가 현재형으로 쓰인 것도 마찬가지 이유 때문.
    17   **hoary**=grey or white.
    18   **noontide**=noon.
    19   **buttercups**=미나리아재비. **dower**=a natural gift.
    20   **this gaudy melon-flower**=여기서 this는 짐작컨대 지금 시인이 살고 있는 이탈리아를 지칭.

(013) *Summun Bonum*
정열적인 이 시는 Browning이 죽기 몇 년 전인 75세에 쓰인 것으로 알려져 있다. **summum bonum**=the supreme good 지고선(至高善), 최고선(라틴어, 철학 용어).

1   **year**=뒤에 are를 보충해서 읽을 것. **bag**=꿀을 담는 주머니. 벌꿀들은 뒷다리에 붙어있는 바구니 모양의 그릇에 꽃가루를 담아 간다.
2   **mine**=광산. 뒤에 are를 보충해서 읽을 것.
3   **shade and shine**=빛과 그림자, 명암.
4   **Breath**=은은한 향기. **how far above them**=삽입절로서 주어는 5, 6행의 Truth와 Trust. **them**=Breath and bloom, shade and shine,—wonder, wealth.

Burns, Robert (1759-1796)

스코틀랜드의 시인. 농부의 아들로 태어나 아버지로부터 교육을 받고 농장 소작인으로 일했으며, 일찍부터 문학을 좋아하고 소박한 말로 자기 감정을 기탄없이 노래했다. 1786년에 시집 *Poems, Chiefly in the Scottish Dialect*를 출간해 유명해졌으며, 이로 말미암아 한 때 Edinburgh에 가는 기회가 생겼고, 그 곳에서 그는 그의 겸손, 말재주 등으로 인기를 끌었고, 문인들과 교제도 시작했다. 이 동안에 그는 여러 여성과 사랑을 했으며, 앞서 낸 시집에 몇 편의 시를 더하여 출판한 제2판으로 그는 500 파운드를 벌어 농장을 사서 정착했다. 1788년 그의 연인 가운데 하나인 Jean Armour와 결혼할 수 있었다. 그는 여러 번 실연을 당했으며 약혼했던 소녀가 죽기도 했다. 'My Luve', 'The Banks of Doon', 'Auld Lang Syne' 등은 유명한 서정시이다. 그는 농부이며 시인이었고 성자이며 죄인이었고 애국자이자 연인이었고, 의에 사는 주정뱅이로서 극단을 좋아했고 우유부단한 태도를 싫어했다.

(014)   **My Heart's In The Highland**
Highland=스코틀랜드 북단의 고원지대.
2   **a-chasing**=chasing, hunting. **barb'rous**=barbarous 야만스러운.
3   **roe**=노루.
7   **rove**=wander without a settled destination 정처 없이 헤매다.
10   **straths**=broad mountain valleys 넓은 골짜기. 스코틀랜드 방언.
11   **wild-hanging**=울창한.

(015)   **My Luve**
1   **Luve's**=Love is. Scotland 방언. Love는 Lover와 마찬가지로 남자나 여자 모두에게 쓰인다.
2   **sprung**=spring(싹트다, 돋아나다)의 과거, 과거분사.

3 **melodie**=melody 멜로디, 아름다운 곡조.
5 **As fair thou art**=As thou art fair=As you are fair. **bonnie**=bonny=beautiful, pretty 아름다운, 특히 소박하게 아름다운. **lass**=a girl or young woman 아가씨, 소녀. 스코틀랜드나 영국 북부 방언.
7 **still**=always, ever, continually 늘, 언제나.
8 **a'**=all **gang**=go=become.
10 **wi'**=with. 9-10행과 '애국가'의 "동해물과 백두산이 마르고 닳도록"과의 관련성을 말하는 이들이 많다.
12 **o'**=of. **sands** (모래시계의) 모래. **While the sands o' life shall run** 살아있는 한.
13 **fare thee weel**=farewell 안녕. **weel**=well. **my only luve** 사실은 Burns에겐 애인이 수없이 많았다.
16 **Tho'**=Though.

(016) **On Seeing a Wounded Hare Limp By Me, Which a Fellow Had Just Shot At**

이 시는 Burns가 친구 Cunningham에게 보낸 다음과 같은 구절의 편지에 동봉했던 것이다. "You will guess my indignation at the inhuman fellow who could shoot a hare at this season, when all of them have young ones." 이 inhuman fellow는 뒤에 Thomas로 알려졌다.

1 **curse on**=저주가 있으라. **art**=a skill 재주.
2 **blasted**=cursed, damned 저주받은. **murder-aiming eye**=eye that aims at murder 살의에 찬 눈.
3 **soothe**=calm 위로하다.
4 **glad**=make glad.
6 **The bitter little that of life remains**=the little remainder of your life 얼마 남지 않은 고통스러운 네 여명.
7 **brake**=a thicket or brushwood 덤불, 잡목 숲. **verdant**=green, covered with green grass 푸르른.
8 **pastime**=a sport or game.
9 **mangle**=cut roughly so as to disfigure 갈기갈기 찢다, 난도질 하다. **wonted**=habitual, accustomed, usual 익숙한, 길든. **wonted rest**=where you are accustomed to take rest=where you used to take rest.
11 **sheltering rushes**=rushes(골풀) that yield shelter.

12 **prest**=(being) pressed.
13 **its**=of anguish.
15 **nurslings**=an infant that is being sucked 젖먹이.
17 **Nith**=강 이름.
18 **sober eve**=quiet evening. **hail**=greet enthusiastically 환호하다.
20 **ruffian**=a violent lawless person 악당, 불한당.

(017) *The Banks O' Doon*
Doon=스코틀랜드에 있는 강 이름.
1 **Ye**=thou=you. **bonnie**=beautiful.
4 **sae**[sei]=so. 스코틀랜드 방언. **fu'**=full.
7 **minds**=reminds.
8 **fause**=false.
10 **mate**=짝.
12 **wist**=knew. wit(=know)의 과거, 과거분사. **na**=not. **o'**=of=about.
13 **Aft**=oft=often. **hae**=have. **rove**=wander without a settled destination 정처 없이 헤매다.
14 **woodbine**=인동덩굴. **twine**=become twisted, interlaced, or interwoven (덩굴 따위가) 얽히다.
15 **ilka**=each, every 스코틀랜드 방언.
17 **Wi'**=With. **lightsome**=gracefully light, nimble, cheerful 경쾌한. **pu'd**=pulled.
18 **Frae aff**=From off.
19 **staw**=stole.

Byron, George Gordon, Sixth Baron (1788-1824)
영국의 시인. 방랑아 Captain John Byron의 아들로 태어나 Harrow를 거쳐 Cambridge에서 공부했다. Cambridge에서는 역사와 소설을 많이 읽었으며, 권투와 수영 연습도 했고, 나쁜 친구를 사귀어 빚도 졌다. 1809년부터 1811년 사이에 유럽 대륙을 여행했으며 돌아와 그의 여행기인 *Childe Harold*의 1, 2편을 1812년에 출판했다. *Childe Harold*는 센세이션을 일으켜 그로 하여금 "I awoke one morning and found myself famous"라고 큰 소리를 치게 했다. 이때 Anne Isabella Milbanke에게 구혼했다가 거절당하고, 또 Lady Caroline Lamb과의 사랑에 고민하는 등 바쁜 때였다. 1815년 Isabella와 결혼, 다음 해 헤어졌다. 쓰린 가슴을 안고 영국을 떠나 Geneva, Venice로 돌아다녔으며, 이 동안 Claire Clairmont와의 사이에 자녀를 하나 얻었다. 이 동안 방탕하여 몸을 버렸다. 1819년에는 Guiccioli 백작부인 Teresa와 동거생활도 했다. 한편 *Childe Harold*의 3, 4편을 썼으며 대표작인 *Don Juan*도 이때 집필했다. 그는 1823년에 그리스 독립전쟁에 참가하였으나 말라리아에 걸려 객사했다. 그의 시는 조잡한 데가 있지만 그의 취재 범위는 넓고 이국적 정서가 풍부하며, 꾸준히 정치, 종교, 도덕상의 위선을 공격하여 일반대중의 인기를 끌어 그의 시는 영국 본토에서뿐만 아니라 널리 유럽 대륙에서까지 읽혀 유럽 대륙의 낭만주의 운동에 큰 영향을 미쳤다.

(018) **She Walks In Beauty**
시인의 사촌형과 결혼한 Anne Beatrix라는 귀부인을 보고 읊은 노래.
    2 **clime**=country.
    4 **aspect**=자태.
    6 **gaudy**=showy in a tasteless or vulgar way 천한.
    9 **raven tress**=칠흑 같은 머리털.
    12 **dwelling-place**=사는 집, 즉 마음.

(019) **When We Two Parted**
    4 **sever**=separate 헤어지다.
    7 **foretell**=predict, prophesy 예언하다.
    17 **name**=speak of.
    18 **knell**=the sound of a bell, especially for a death or funeral 조종.
    20 **wert**=were.
    23 **rue**=repent of; wish to be undone or nonexistent 원망하다, 유감으로 생각하다.

Campbell, Thomas (1777-1844)
스코틀랜드의 시인. Glasgow의 파산한 상인의 아들로 태어나 그곳 대학에서 수학. 1799년에 시집 *The Pleasure of Hope*를 출간. 10년간 잡지 편집 일을 했으며, 후에 Glasgow대학의 명예 총장이 되었다. 사망 후 Westminster 사원에 매장되었다.

(020) **The River of Life**
    2 **succeeding**=following.
    5 **gladsome**=cheerful, joyous.
    6 **Ere**=before.
    7 **Steals**=move silently or stealthily 조용히 흘러가다. **linger**=dally 꾸물

거리다.
9   **wan**=pale, exhausted-looking 파리한, 창백한.
11 **Ye**=thou의 복수형.
14 **vapid**=insipid, dull, flat 김빠진, 재미없는.
21 **years of fading strength**=기운이 점점 쇠약해지는 노년기.
22 **Indemnify**=compensate 보상해주다. **Indemnifying fleetness**=노인들이 떨어진 기력 때문에 젊은 사람들에게 뒤처지지 않도록 해주기 위한 속도.
23 **seeming**=apparent but perhaps doubtful 겉보기만의.
24 **Proportion**=make proportionate 비례시키다, 적합하게 하다.

Carey, Henry (1687?-1743)

영국의 시인, 작곡가. 'Sally In Our Alley' 한편으로 유명해졌다. 영국의 국가 'God Save the King'이 그의 작곡으로 알려져 있으나 분명치는 않다.

(021) *Sally In Our Alley*

10 **does cry 'em**=does cry them=sell them by crying.
12 **such as please to buy 'em**=those who would kindly buy.
13 **beget**=아기를 낳다.
17 **by**=near by, close by.
19 **Turk**=터키인, 난폭한 사람.
20 **bang**=strike 때리다.
21 **his bellyful**=실컷.
27 **betwixt**=between.
29 **drest**=dressed.
35 **leave him in the lurch**=desert him in difficulties 그를 궁지에 빠트리게 하다.
36 **text is named**=설교를 위해 성경의 해당 부분을 지적하다.
38 **slink away**=move in a stealthy or guilty or sneaking manner 몰래 빠져 나가다.
43 **hoard**=amass and put away 저장해 두다. **box it all**=몽땅 저금통에 넣다.
44 **honey**=sweetheart 애인.
45 **I would**=I wish.
50 **Make game of**=mock, make fun of 조롱하다.

51 **but for her**=were it not for, if it had not been her 만약 그녀가 없다면.
   I'd better=I had better ~하는 편이 차라리 낫다.
52 **galley**=노예선.
53 **seven long years are out**=구약의 야곱이 삼촌 집에서 라헬과 결혼하기 위해 7년 간 머슴살이 한 일에 빗대고 있음. 구약성서 <창세기> 참조.
55 **wed**=marry. **bed**=부부의 연을 맺다, 부부가 함께 자다.

Cibber, Colley (1671-1757)
런던 태생의 배우, 극작가. 시도 쓰게 되어 후에 계관시인이 되었으나 이렇다 할 작품은 남기지 못했다.

(022) ***The Blind Boy***
10 **Whene'er**[wénɛə]=whenever.
12 **'twere**=it were.
14 **hapless**=unhappy. **woe**=affliction, distress 고통.
10 **Whilst**=while.

Clare, John (1793-1864)
빈농의 아들로 태어나 평생 가난과 싸우면서 시를 썼다. 44세 때 우울증이 악화하여 발광. 병원에 입원한 뒤 4년 만에 일단 탈주했으나 다시 붙잡혀 평생 유폐되었다. 병원에서 첫 사랑을 그리워하는 시와 자연을 그리는 시를 많이 썼다.

(023) ***The Wood-Cutter's Night Song***
7   **morrow**=the following day.
8   **Bill**=billhook 낫의 일종. **mittens**=a glove with two sections, one for the thumb and the other for all four fingers 벙어리장갑.
8   **ye**=thou(=you)의 복수형.
13 **stand about**=한 자리에 멍하니 서 있다, 머뭇거리다.
16 **Every now-and-then**=from time to time, occasionally 때때로, 가끔.
17 **fare-ye-well**=farewell.
20 **care to**=want to.
22 **yon**=yonder 저기.
26 **To revive**=결과를 나타내는 용법.
28 **Supper hanging on the hooks**=갈고리에 고기 따위를 걸어서 익히는 저녁 식사.

30 **faggot**=a bundle of sticks or twigs bound together as fuel 나뭇단.
31 **prattle**=say in a childish way 옹알거리다.

Clough[klʌf], Arthur Hugh (1819-1861)
영국의 시인. Rugby에서 Thomas Arnold의 교육을 받은 뒤 Oxford에 다녔다. 졸업 후 교육성에서 일했으나 건강을 해치고 남부 유럽으로 갔다가 Florence에서 세상을 떠났다. 그의 작품에는 곤경에도 굴하지 않는 강한 투지력이 보인다.

(024) ***"Where Lies the Land to Which the Ship Would Go?"***
어디로부터 와서 어디로 가는지 알지 못하는 배를 타고 기꺼이 폭풍우와 싸우며 앞으로 나아가는 이 배에 우리 인생을 비유하고 있다.
2 **her**=3행의 she와 함께 ship를 가리킨다.
6 **Linked arm in arm**=팔짱을 끼고.
7 **stern**=rear part of a ship or boat 선미.
8 **wake**=track left on the water's surface by a moving ship (배가 지나간) 자국, 항적.
9 **north-westers**=north-west wind 북서풍. **rave**=talk wildly or furiously in or as in delirium 헛소리를 하다, (미친 듯이) 고함치다.
11 **reeling**=rock from side to side, or swing violently 마구 흔들어대다.
12 **Exult**=be joyful, rejoice greatly 몹시 기뻐하다.

Coleridge, Hartley (1796-1849)
영국 낭만파 시인의 선구자적 존재인 Samuel Taylor Coleridge의 장남. 술 때문에 Oxford 대학에서 퇴학당한 뒤 런던에서 잡다한 원고를 쓰고 생활했으나 이렇다 할 작품은 남기지 못했다. 보통 같으면 자기 애인은 온갖 미사여구로 수식하기 마련인데, 이 시에서는 보통 여자와 다를 바 없다는 솔직한 고백으로 시작하고 있으며, 한번 정들면 모든 것이 예뻐 보인다는 연인의 심리를 잘 표현하고 있다.

(025) ***Song***
1 **to outward view**=겉보기에.
2 **be**=are의 고어.
7 **coy**=shy.
11 **frowns**=찌푸림.

Colum, Padraic (1881-1972)
아일랜드의 시인, 극작가. Synge, Yeats 등과 함께 아일랜드 문예부흥운동에 동참.

(026)   *No Child*
   6   **was touched**=was moved, stirred.

Darley, George (1795-1846)
아일랜드의 시인. Dublin에서 태어나 Trinity College에서 수학과 고전을 전공했으나 런던에 와서는 시인, 비평가로 활약. 한 때는 Tennyson과 비교될만한 시인이라는 평가를 받았으나 단명하여 많은 작품을 남기지 못했다. 매우 서정적인 시인이다.

(027)   *Last Night*
   2   **strain**=song.
   6   **ether blue**=blue and clear sky.
   9   **fav'rite**=favourite.

Davies, William Henry (1871-1940)
영국의 시인. 본래 타고난 방랑벽 때문에 부랑인, 행상인 등이 되어 영국, 미국 각지를 방랑했다. 1905년을 전후해서 타고난 서정시인적인 재능을 인정받기 시작했으며, 그의 시가 갖는 낭만성 때문에 애독자가 늘어나 방랑시인으로서의 특수한 지위를 확립했다. 주요한 작품으로는 시집 *The Soul's Destroyer*(1905), *Nature Poems*(1908), *The Song of Life*(1920), *The Song of Love*(1925) 등이 있다.

(028)   *The Example*
   8   **No care take I**=I won't care a bit 신경 쓰지 않겠다.
(029)   *Leisure*
   11-12   **her mouth can Enrich that smile her eyes began**=눈에서 시작한 미소가 입가에 번지다.
   13   **a poor life this**=this is a poor life. 지금까지의 if-절에 대한 귀결절.

De la Mare[dèləmɛ́ə], **Walter** (1873-1956)
영국의 시인, 소설가. 프랑스 명문가의 자제. 석유회사 사원으로 있으면서 시와 소설을 발표. 섬세한 필치와 아름다운 운율로 독자적인 세계를 구축했다. *The Listener*(1912), *The Traveller*(1946) 등의 시집이 있다.

(030) **The Fly**
  7   **mustard-seed**=겨자씨. 성경에서 겨자씨는 흔히 작은 것을 나타내는 것으로 사용된다. cf. The kingdom of heaven is like to a grain of mustard seed, which indeed is the least of all seeds: *Matthew* 13:31.
  12 **lambkin**=작은 새끼 양.

(031) **The Funeral**
  4   **All**=very, quite.
  4-6 **All beautiful ··· buttercups**=3 행의 fields를 수식한다.
  6   **daisy**=데이지, 국화의 일종. **buttercup**=미나리아재비.
  10   **me**=앞뒤 내용으로 보아 작자인 me는 10여 세 정도의 맏딸로 보인다.
  12   **funeral tree**=yew 주목. 묘지에 심는 상록수.
  13   **watched**=하관하는 것을 보았다는 뜻.
  24   **poor thing**=불쌍한 것 같으니. 육친(짐작컨대 엄마)의 장례를 마치고 피곤해서 누워 자는 철없는 동생에 대한 누나의 애정을 나타내고 있다.

Dickinson, Emily (1830-1886)
미국의 여류 시인. 아버지는 법률가이며 국회의원. 한때 사랑한 목사가 유부남인 것을 알고는 평생 독신으로 지내면서 1775편의 시를 썼는데 대부분 그녀의 사후에 발표됐다. 거의 칩거생활을 했고, 죽을 때까지 흰옷만을 입었다. 심오한 내적 통찰과 독창적인 스타일로 Walt Whitman과 함께 미국 현대시의 근간을 이룬다. 그녀의 시는 다듬어지지 않은 다이아몬드라는 평을 듣는다.

(032) **I Like a Look of Agony**
진실을 사랑하는 작자는 허세를 부릴 수 없는 죽는 순간마저 사랑한다.
  3   **sham**=pretend 가장하다. **Convulsion**=경련, 발작.
  4   **simulate**=imitate 모방하다. **Throe**=violent pain.
  5   **glaze**=눈을 침침하게 하다.

(033) **If I Can Stop One Heart Stop From Breaking**
  5   **robin**=울새.

(034) **No Rack Can Torture Me**
  1   **rack**=instrument of torture stretching the victim's joints 형틀.
  4   **knit**=(of a broken bone) become joined 부러진 뼈를 접합하다. **one**=bone.
  5   **prick**=찔러서 상처 나게 하다. **saw**=톱.

    6   **scimitar**[símitə]=curved oriental sword (아라비아인이나 페르시아인 등이 쓰는) 초승달 모양의 칼, 언월도(偃月刀).
    7   **Two Bodies**=우리의 몸은 육신이라는 외부의 몸과 영혼이라는 내부의 두 몸으로 이루어져 있어, 영혼은 육신을 떠나 육신의 고통을 면할 수 있다.
    9   **his**=eagle's.
    10   **divest**=unclothe, strip 옷을 벗기다.

(035) *The Mountain*
    3   **omnifold**=전 방위의. omni-(=all)와 manifold(=of many kinds; having various forms, parts, applications 다방면에 걸친)를 합성해서 작자가 만든 단어.
    6   **sire**=father.
    7   **Grandfather of the days is he**=he is grandfather of the days.

Dobson, Henry Austin (1840-1921)
영국의 시인. 19세기 프랑스 시에 많은 영향을 받았다. 시집으로는 *Vignette in Rhyme*(1873), *Proverbs in Porcelain*(1877) 등이 있다.

(036) *When I Saw You Last, Rose*
    4   **ere**=before.
    8   **nigh**=near.
    14   **guest**=love. **on the sly**=secretly 살그머니, 남모르게.

Dolben, Digby Mackworth (1848-1867)
영국의 종교시인. 스무 살도 채 못된 나이에 익사.

(037) *Requests*
    4   **release**=liberation from a restriction, duty, or difficulty 석방, 면제.
    7   **din**=noise.
    11   **assail**=attack.
    13   **Thee**=God.

Eliot, Thomas Stearns (1888-1965)
미국에서 영국으로 귀화한 시인, 비평가, 극작가. Harvard, Sorbonne, Oxford 대학 등에서 수학하여 프랑스 문학, 그리스 철학, 인도 철학, 산스크리트어, 심리학 등에 대한 해박한 지식을 축적. 학교 교사, 은행원을 거친 뒤

1917년 처녀시집 *Prufrock and Other Observations*로 주목을 받기 시작했다. 1922년에 *Criterion* 지를 창간하여 그 주필이 되면서 창간호에 유명한 'The Waste Land'를 싣는다. 1948년에 노벨문학상을 받았다. 20세기 전반의 문학을 대표한다.

(038) **Aunt Helen**

인간의 위선을 풍자한 이 시는 젊었을 때 Eliot가 집안에서 직접 겪은 사실을 근거로 하고 있다. 그는 전통의 결여를 그 원인으로 생각한다. 그때의 충격이 그로 하여금 미국을 버리고 영국으로 귀화하게 만든 요인 중의 하나였다.

6   **undertaker**=professional funeral organizer 장의사.
8   **handsomely**=generously 넉넉하게, 후하게.
9   **the parrot died**=돌보는 이 없어 앵무새는 죽었다.
10   **Dresden clock**=드레스덴에서 구운 도자기로 장식된 시계.
11   **footman**=liveried(제복 입은) servant.

Emerson, Ralph Waldo (1803-1882)

미국의 사상가. Boston의 목사 아들로 태어나 여덟 살 때 아버지를 여의고 여섯 명의 동기들과 함께 홀어머니 밑에서 자랐다. 14세 때 Harvard에 입학. 졸업 후 Boston의 제2교회의 목사가 되었으나 1832년에 사퇴했다. 이 바로 전 해에 그는 사랑하는 아내를 폐렴으로 잃었고, 자기 자신의 건강도 좋지 않아 유럽으로 여행을 떠났으며, 영국에서는 Wordsworth, Coleridge, Carlyle과 만나고 돌아와 1834년에 Concord에서 사색과 독서, 그리고 저작의 은둔생활을 시작했다. 그의 저술 중에서 가장 중요한 것은 열권으로 된 일기 *Journals*(1904-1914)이다. 이는 그가 17세부터 75세까지 쓴 것이며, 그의 사상의 정수라고 할 수 있다.

(039) **Concord Hymn**

1837년 7월 4일 초혼비 낙성식에서 노래한 시. Concord는 Boston 근처에 있는 곳의 지명으로서, 미국 독립 전쟁 당시 1775년 4월 19일에 큰 싸움이 있었던 곳.

1   **arch**=span like an arch 아치 모양으로 걸치다.
3   **embattled**=prepared for battle 전투준비를 한, 진용을 갖춘.
5   **foe**=enemy.
7   **Time the ruined bridge has swept**=Time has swept the ruined bridge.
10   **votive**=offered or consecrated in fulfillment of a vow (맹세에 따라) 바쳐진, 봉헌하기 위한. **votive stone**=the Battle Monument 전쟁기념

　　　　　비.
　　11　**redeem**=recover 회복하다.
　　12　**sires**=father or male ancestor 조상.
　　15　**spare**=refrain from hurting 해를 끼치지 않고 그냥 두다.
　　16　**shaft**=column 기둥.
(040)　*Success*
　　2　**intelligent**=wise 현명한. intellectual(유식한)과 구별할 것.
　　3　**affection**=love 사랑.
　　4　**appreciation**=정당한 평가.
　　9　**redeem**=recover 회복하다.
(041)　*The Fable*
　　3　**Prig**=self-righteous person 혼자 잘난 체하는 사람, 건방진 사람.
　　4　**Bun**=squirrel 다람쥐.
　　14　**spry**=lively, nimble 활발한, 민첩한.

Field, Eugène (1850-1895)

　　미국의 저널리스트이며 시인. 항상 자신을 서부인 이라고 칭하고 중서부의 동요, 이야기, 유머를 특징으로 하는 글들을 발표하여 대중의 사랑을 받았다. *A Little Book of Western Verse*(1889), *With Trumpet and Drum*(1892) 등의 작품이 있다.

(042)　*Little Boy Blue*
　　2　**stanch**=trustworthy, loyal 충성스러운.
　　4　**molds**=곰팡이 슬다.
　　6　**passing**=very 매우.
　　11　**trundle bed**=a low bed that can be stored under a larger bed; a truckle 바퀴달린 작은 침대.

Frost, Robert Lee (1874-1963)

　　미국의 시인. 샌프란시스코에서 태어나 열 살 때부터 뉴잉글랜드에 와 살았다. 교사, 농부, 신문기자 등의 여러 직업을 거치다 1912년에 영국으로 건너가 체류하는 동안에 출간한 *A Boy's Will*(1913)과 *North of Boston*(1914)으로 이름이 알려지기 시작했고, 그 뒤 1915년에 귀국하여 네 번이나 퓰리처상(Pulitzer Prize)을 받으면서 유명해졌다. 그는 산업주의 이전의 뉴잉글랜드의 자연과 인생을 사실적이고 절제된 작품으로 그리면서 청교도의 전통적인 면을 현대에 살린 시인이라고 할 수 있다. Cambridge 대학과 Oxford 대학에서 명예학위를 받는 등, 그는 미국의 국민시인과 같은 존재가 되었다. 후기작품으로는 *West-Running Brook*(1928)와 *A Further Range*(1936) 등이 있다.

(043) **Come In**
신체의 쇠락을 단연코 거부하는 노인의 결연한 모습을 그리고 있다.
2 **Thrush**=지빠귀. **hark**=listen.
6 **sleight**=날랜 솜씨.
7 **better**=make better, improve.
13 **pillared dark**=주랑처럼 서 있는 나무들이 만드는 어둠.
14 **went**=continued.
16 **lament**=express grief 슬퍼하다.
17 **for stars**=별을 찾아. 별은 대개 희망이나 이상의 상징.
20 **I hadn't been**=I had not been asked.

(044) **Stopping by Woods on a Snowy Evening**
11 **sound's**=sound is.
12 **easy wind**=순풍. **downy**=soft and fluffy 솜털 같은. **flake**=a small light piece of snow 눈송이.

(045) **The Death of the Hired Man**
인간의 귀소본능을 노래한 시.
2 **Warren**=남편의 이름.
5 **put him on his guard**=조심하게 하다. **Silas**=하인의 이름.
13 **haying**=건초 만들기, 꼴 베기.
14 **"If he left then," I said, "That ended it."**=직접화법으로 바꾸면 "If you leave now, that ends it." "지금 떠나면 끝이다."
15 **harbour**=give shelter to (especially a criminal) (죄인 따위를) 숨겨주다, 피난처를 제공하다.
17 **What help he is there's no depending on.**=that help which he is can never be depended upon 그의 도움이라는 것도 믿을 수 없다.
19-21 **"He thinks he ought~be beholden."**="I think I ought to earn a little pay, enough at least to buy tobacco with, so I won't have to beg and be beholden." **beholden**=under obligation 신세를 지다.
24 **Then someone else will have to.**=그렇다면 그 사람한테 내게 해야지.
25 **bettering**=improving one's position.

25 **If that was what it was.**=If that was really improving his position.
28 **coax**=꾀이다, 감언이설로 속이다. **coax him off**=감언이설로 그를 꾀어 다른 곳으로 빼내다.
30 **I'm done.**=I am through with him. 그 사람하고는 끝이다.
44 **Nothing would do.**=아무 것도 소용이 없었다. **do**=be suitable or acceptable; satisfy 도움이 되다, 쓸모가 있다.
48 **ditch**=도랑을 파다.
49 **Warren!**=남편이 너무 심한 말을 하자 그것을 제지하려는 말.
52 **grudge**=be reluctant to admit 인정하기를 꺼리다.
58 **jumble**=confuse; mix up 뒤죽박죽을 만들다, 아무렇게나 뒤섞다.
61 **run on**=talk persistently 계속해서 이야기 하다.
66 **Between them**=둘이 협력해서. **as smooth**=quite smooth.
68 **daft**=mad, crazy 미친 듯이 열심인.
72 **pitch on**=throw 쇠스랑으로 던져 올리다.
73 **keep well out of earshot**=들리지 않는 곳에 멀리 떨어져 있다.
75 **they**=those days. **linger**=be slow in dying 좀처럼 없어지지 않다.
76 **assurance**=self-confidence 자기 과신, 확신. **pique**=wound the pride of; irritate (자존심을) 상하게 하다.
86 **find water with a hazel prong**=개암나무 가지로 수맥을 찾다.
91 **accomplishment**=acquired skill 재주.
92 **porkful**=쇠스랑(pitchfork) 하나 가득의 건초.
93 **tag**=recognize as if with a tag 꼬리표를 달아놓은 듯 식별하다.
108 **pore**=gaze intently; stare 응시하다.
111 **taut**=tight 팽팽한.
113 **wrought**=work의 과거, 과거분사.
116 **mock**=ridicule; scoff 비웃다.
121 **upon the trail**=냄새를 따라 온.
134 **Somebody**=important person 어엿한 사람, 한자리 하는 사람.
138 **see to that**=take care, ensure 조처하다. **of right**=당연히.
140 **better than appearances**=보기보다 (생각보다) 좋은.
142 **claim kin**=친척이라고 말하다.
148 **abide**=tolerate 참다.
150 **He don't know**=He doesn't know.
153 **Si**=Silas. 더 친근한 호칭.

156 **lounge**=a long couch 침대 의자.
163 **how it is**=Silas가 여기 죽으러 온 것이 아니라 일한다는 대의명분을 가지고 왔다는 사실.
170 **Then there were three there, making a dim row**=Silas가 죽으러 왔다는 그녀의 예언이 구름이 달에 적중하듯 맞아서 셋이 어둡게 한 줄이 되었다.

(046) ***The Road Not Taken***
1 **diverged**=take a different course (길이) 갈라지다.
5 **undergrowth**=a dense growth of shrubs, especially large trees (숲속의) 덤불.
7 **claim**=a right or title to a thing 자격.
9 **wanted wear**=더 밟혀질 필요가 있다.
12 **had trodden black** 밟아서 까맣게 되게 하다.
13 **kept**=retained or reserved for a future occasion 쓰지 않고 (남겨, 따로) 두다.
15 **ages and ages hence**=앞으로 오랜 세월이 지난 뒤.

Garland, Hannibal Hamlin (1860-1940)
미국의 소설가. Wisconsin에서 태어난 스코틀랜드 계 이민의 아들로서 소년 시절에 여기저기를 떠돌아 다녔다. 중부 대평원을 무대로 한 단편집 *Main-Travelled Roads*(1891) 등이 있다.

(047) ***The Mountains are a Lonely Folk***
5 **bear**=supports, sustains.
7 **fold**=enfold 감싸다, 두르다.
8 **bolster**=support 떠받치다.

Goldsmith, Oliver (1730-1774)
영국의 시인, 소설가, 극작가. 아일랜드 목사의 둘째 아들로 태어나 1744년에 Dublin의 Trinity College에 특대생으로 입학하고 1749년에 졸업한 뒤 성직을 지원했으나 뜻이 이루어지지 않아 Edinburgh와 Leyden대학에서 의학 공부를 했다. 1755년부터 유럽 대륙을 방랑하고 돌아왔으며, 1756년에 런던에 돌아왔을 때에는 빈곤이 극심했다. 생활을 위해 별별 직업을 다 가져 보았으나 실패. 1761년 Johnson 박사를 알게 되어 그의 주선으로 유명한 소설 *The Vicar of Wakefield*(1766)를 출판하게 되고 여기서 나온 원고료

60파운드로 빚 때문에 갈 뻔했던 감옥신세를 면하게 되었다. *The Traveller*(1764) 및 *The Deserted Village*(1770) 등으로 유명해졌으며, 특히 희곡 *The Good-Natur'd Man*(1768)과 *She Stoops to Conquer*(1773) 등은 대성공을 거둬 상당한 수입이 생겼으나 평생 넉넉한 생활은 해보지 못한 채 늘 돈에 몰려 일을 했다. 이 시는 *The Vicar of Wakefield* 안에 들어 있던 것이다.

(048)   ***A Song***
   1   **stoops to folly**=어리석은 실수를 범하다.
   3   **charm**=magic power 마력.
   5   **art**=a skill 재주.

Hardy, Thomas (1840-1928)
영국의 소설가, 시인. 어릴 때에는 매우 허약하고 다감하였다. 그는 자기 고향의 초등학교를 나온 후 평생을 성직에 바치려하였으나 부모가 건축사 John Hicks의 제자로 만들었다. 1862년 상경하여 건축 사무소에서 일하는 한편 여가를 이용하여 런던대학에서 청강하기도 했다. 1863년에 두 건축가 협회에서 상을 받았다. 그러나 그것으로 채워지지 않는 그의 마음은 서정시로 향하여 이때부터 시작에 전념하기 시작했다. 그는 소설도 쓰기 시작하여 *Far from the Madding Crowd*(1874)로 명성을 높였다. 그는 때때로 상경하는 것 외에는 별로 고향을 떠나는 일이 없었으며, 소설의 배경도 늘 자기 고향으로 하였다. 대표적인 그의 작품으로는 *Tess of the D'Urbervilles*(1891), *The Return of the Native*(1878), *The Mayor of Casterbridge*(1886), *Jude the Obscure*(1895) 등의 명작이 있다. 이 작품들에서 우리는 우주를 지배하는 것은 맹목적인 Immanent Will이라는 숙명론적인 그의 사상을 엿볼 수 있다. 3부작으로 된 대작 *The Dynasts*(1903, 1906, 1908)는 사상적으로나 기교적으로나 인간 Hardy의 완숙을 보여주는 작품이다. 이 작품을 19세기 영문학의 집대성이라 해도 과언이 아니다. 사후 그의 시체는 Westminster Abbey의 Poets' Corner에 묻혔으나 그의 심장은 그의 유언에 따라 고향에 있는 첫째 부인의 무덤 옆에 묻혔다.

(049)   ***The Man He Killed***
   1   **Had he and I but met**=If only he and I had met 그와 내가 만나기만 했던들.
   4   **nipperkin**=반 파인트의 술. 1파인트는 약 0.57리터.
   5   **range**=place or arrange in a row or ranks 정렬시키다.

13 **'list**=enlist 입대하다.
14 **Off-hand**=without preparation or premeditation 즉석에서, 즉흥적으로.
15 **out of work**=unemployed 일자리가 없는.
20 **crown**=5 shillings.

Herbert, George (1593-1633)
영국의 목사, 철학시인. Cambridge에 다녔으며 한때 궁정에서의 출세를 뜻한 적도 있으나 어떤 사람의 충고에 따라 종교생활에 귀의했으며, 1630년 한 시골의 지역 목사가 되었다. 그는 이 벽촌에서 조용하고 경건한 마음으로 쓴 160편의 시를 모아 시집을 냈으며, 이 시집은 출판된 지 수년 만에 2만부가 팔렸다고 전해진다.

(050) *The Gifts of God*
2 **glass**=glass case.
4 **disperse**=scatter widely 흩어지다. **dispersed lie**=lie in dispersed condition 흩어져 놓여있다.
5 **contract into a span**=한 뼘으로 축약하다.
6 **make a way**=나아가다.
9 **make a stay**=stop.
12 **Bestow**=confer (a gift, right, etc.) 수여하다, 주다.
14 **rest**=쉬다.
16 **rest**=나머지.
17 **repine**=fret; be discontented 안달하다.
18-20 **that…May**=…하도록.

(051) *Virtue*
생자필멸(生者必滅), 인생무상(人生無常)의 세계에서 오로지 변하지 않고 아름다운 것은 미덕뿐이라는 내용.
2 **bridal**=wedding.
6 **rash**=reckless, impetuous, hasty 지각없는, 경솔한.
10 **sweets**=delights, gratification 기쁨, 환락.
11 **ye**=thou(=you)의 복수형으로서, days and rose(=sweets)를 가리킨다.
   closes=a cadence or conclusions of musical phrases 음악의 결미.
14 **seasoned timber**=dried timber 말린 목재. 말린 목재는 젖은 목재처럼 빨리 썩지 않는다.
14 **gives**=collapse 굴복하다.

16 **chiefly**=above all, mainly. **chiefly lives**=육체를 떠난 아름답고 고결한 영혼만이 주로 살게 된다. 주어는 13행의 a sweet and virtuous soul.

Herrick, Robert (1591-1674)
영국의 서정시인, 성직자. Cambridge 대학을 나온 뒤 시골의 목사가 되었다. 종교시도 썼으나 그의 수작은 오히려 비종교시에 많다. 여성에 대한 목가적 사랑과 전원 풍경에 대한 사랑을 잘 배합한 감미로운 시로 유명하다.

(052) **Primrose**
1 **Ask me····**=Do you ask me····. Herrick이 시를 쓴 당시 16,7세기 영어에서는 조동사 do의 도움 없이 의문문이 만들어졌다.
2 **Infanta**=princess (of Spain or Portugal).
4 **bepearl**=decorate with pearl 진주로 장식하다.
5 **sweets**=과자.
8 **sickly**=pale, suggesting sickness 파리한.
11 **discover**=make known, disclose, betray 본의 아니게 알리다.
12 **fainting**=timid, weak 여린.

(053) **To Anthea, Who May command Him Any Thing**
2 **Protestant**=one who protests(=declare) devotion=a suitor 여인에게 사랑을 언명하는 사람. 이 말을 이런 뜻으로 쓴 사람은 Herrick이 유일하다.
10 **decree**=order 명령.
11 **languish**=lose vitality 시들다, 쇠약해지다.
12 **And't shall**=And it shall.
15 **having none**=if I have no eyes.
18 **cypress**=사이프러스 나무. 애도와 비탄의 상징.

(054) **To Daffodils**
8 **But**=only, just 적어도. **even-song**=service of evening prayer in the Church of England, vespers, Even Song, Evening Prayer 하루 일곱 번 하는 기도 가운데 여섯 번째의 기도. 6시 이전에 행해진다.
12 **Spring**=청춘을 상징한다.
13 **to meet**=결과를 나타낸다. **to meet decay**=만나서 그 결과 썩는다.
19 **the pearls of morning's dew**=진주 같은 아침 이슬. the pearls와 morning's dew는 동격.
20 **to be found**=결과를 나타낸다.

(055)   **To Electra**
   5   **utmost**=the greatest, highest.

Hodgson, Ralph (1872-1962)
영국의 시인. 영국의 동북부에서 태어났으며 런던에서 신문기자가 되었고, 삽화를 그리기도 하였다. 1924년 일본 동북대학에서 15년간 영문학을 강의. 1938년 영국에 돌아갔다가 미국에 이주해 살았다. 작품으로는 세 권의 시집이 있다. 그 중에서도 뛰어난 작품은 'Eve'와 'Time, You Old Gipsy Man'의 두 편이다.

(056)   **Time, You Old Gipsy Man**
   3   **put up**=lodge 묵다.
   6   **Will you be by guest**=If you will be my guest.
   7   **jennet**=나귀, 조랑말.
   11   **Peacocks**=공작새. pride를 상징한다.
   14   **Festoon**=adorn with festoons; decorate elaborately 정교하게 장식하다. **may**=산사나무의 꽃.
   19   **crush**=a crowded mass of people 붐비는 군중.
   20   **Paul's dome**=런던의 St. Paul's Cathedral의 dome.
   21   **dial**=시계.
   22   **tighten your rein**=고삐를 당겨 말을 세우다.

Hood, Thomas (1799-1845)
영국의 시인. 잡지 편집에 종사.

(057)   **Past and Present**
   4   **at morn**=in the morning.
   5   **a wink**=눈 한번 깜짝할 사이. **He never came a wink too soon**=그는 한 치도 일찍 오는 법이 없었다. 즉 햇빛이 들 때면 우리는 이미 일어나 있었다. 그만큼 사는 것이 즐겁고 기다려졌다는 뜻.
   6   **too long a day**=너무 긴 하루. 어릴 때는 노는 것이 즐거워 하루해가 길게 느껴진 적이 없었다는 뜻.
   7-8 **wish the night Had borne my breath away**=밤이 내 숨을 서두어 갔기를, 즉 밤새 이미 죽어 있기를 바란다.
   11   **lily cups**=은방울 꽃.
   13   **robin**=울새. **built**=built a nest.

15 **laburnum**=노란 등 꽃. 콩과 관목으로 부활절 장식에 쓰임.
19-20 **the air must rush as fresh To swallows on the wing**=the air must rush to swallows on the wings just as freshly as to me on a swing 날아가는 제비들에게 부딪치는 바람은 그네를 타고 있는 나에게 부딪치는 바람처럼 신선할 테지.
24 **The fever on my brow**=이 작가는 지금 병에 걸려 열이 있다.
30 **'tis**=it is.
31 **I'm farther off from Heaven**=하늘나라에서 더 멀리 떨어져 있다. 어린이들은 순진해서 아직 하늘나라에 가깝지만 어른들은 여러 가지 죄를 지으면서 하늘나라에서 더 멀어진다.

Housman, Alfred Edward (1859-1936)
영국의 고전학자이며 시인. Oxford를 다녔고, 졸업 후에는 특허국의 관리로 10년간 근속. 이 동안에 고전 연구에 몰두했다. 그의 학식이 인정되어 1892년에 런던대학의 라틴어 교수가 되었으며, 1911년에는 Cambridge로 옮겨가서 거기서 일생을 마쳤다.

(058) *Loveliest of Trees*
4 **Eastertide**=the period including Easter(부활절). 부활절은 춘분(3월21일) 직후의 최초의 만월 다음 일요일. 대개 3월 하순에서 4월 중순 사이의 어느 일요일.
5 **threescore years and ten**=seventy years 인간의 평균 수명.
10 **room**=opportunity or scope 여유, 기회.

(059) *When I Was One-and-Twenty*
3 **guinea**=(£1.05)=21 old shillings.

Hovey, Richard (1886-1918)
미국의 시인. Illinois에서 태어났으며, 신학생, 배우, 교수 등 여러 직업을 거쳐 시인이 되었다. 인생의 환희를 높이 노래한 시인.

(060) *At the Crossroads*
2 **sever**=separate 갈라지다.
7 **pledge**=the drinking of a person's health; a toast 축배.
14 **seal**=settle or decide (운명, 승리 따위를) 정하다.
16 **go under**=fail, succumb 굴하다.

Keats, John (1795-1821)
런던의 비천한 집안에 태어나 어린 시절에 고아가 되어 어린 남매 동생들을 돌보며 함께 살았다. 의사가 되려고 했으나 E. Spenser(1552?-1599)의 걸작 *The Faerie Queene*에 심취하여 시인이 되기로 결심. 각혈과 실연 속에서도 시에 전념하여 짧고 불행한 생애 가운데서도 4000행에 가까운 *Endymion*(1818)을 비롯하여 많은 작품을 남겼다. 그는 Shelley나 Byron과 함께 영국의 제2기 낭만파 시인으로 자주 거명되지만 자유와 혁명을 구가한 그들과는 달리 사색적인 Keats는 중세를 동경하고 희랍신화나 예술을 사랑했으며, Keats만큼 아름다움을 순수하게 추구한 시인은 드물다.

(061) ***Ode On a Grecian Urn***
지금 시인은 선반 위에 고요하게 놓여있는 수천 년 전에 만들어진 그리스 항아리를 보면서 거기 새겨진 그림들을 감상하며 이 시를 쓰고 있다. **Ode**=송가(頌歌). **Urn**=a vase with a foot and usually a rounded body 단지, 항아리. 유골을 담는 데 쓰이기도 한다.

1   **still**=고요한. **unravish'd bride**=더럽혀지지 않은 신부. 지금 Keats가 보고 있는 이 항아리는 오랫동안 아무도 건드린 적이 없으므로. **ravish**=commit rape on (a woman) 겁탈하다.
2   **foster-child**=양자. 실제 아버지는 이 항아리를 만든 장인. **foster-child of silence and slow time**=이 항아리는 장인의 손을 떠난 뒤 말없이 천천히 흐르는 시간에 맡겨져 지금까지 있어왔다.
3   **Sylvan historian**=historian of the woods 숲의 역사가. 항아리에 그려진 그림이 숲의 그림이며, 그 내용이 고대 그리스인들의 생활을 그리고 있기 때문에 항아리를 '숲의 역사가'라고 부르고 있다.
4   **flowery tale**=화려한 이야기. 항아리의 그림에는 꽃장식이 많으나 flowery는 이야기의 내용을 수식하는 것으로 볼 것. **rhyme**=poetry.
5   **leaf-fringed**=the fringe adorned or encircled with leaf 가장자리를 잎으로 장식한. **legend**=romantic story from ancient times 전설. **leaf-fringed legend**=항아리에 그려진 그림들의 배경이 숲이므로 이런 표현이 사용되고 있다. **haunts about**=(of a ghost) visit (a place) regularly (귀신 따위가) 출몰하다.
6   **deities or mortals**=gods and humans 신과 인간.
7   **Tempe**[témpi:]=Olympus 산과 Ossa 산 사이의 그리스 동북부의 계곡. 시와 음악의 신 Apollo가 좋아한 아름다운 곳. **dales**=valleys. **Arcady**=Arcadia, an ancient pastoral district in Greece, place of rural

peace and simplicity. 숲의 신 Pan이 사는 곳. 목동들의 이상향.
8   **loth**=unwilling or reluctant 내키지 않는.
8-9   이 대목은 큐피드의 사랑의 화살을 맞고 사랑에 빠진 Apollo가 싫다고 도망가는 Daphne[dǽfni]를 쫓아가고 Daphne는 월계수로 변한다는 그리스 신화를 연상시킨다.
10   **timbrels**=a tambourine 탬버린.
13   **sensual ear**=bodily, not spiritual, ear.
13   **endear**=make dear to 사랑받게 하다.
14   **ditty**=a short simple song. **ditties of no tone**=소리 없는 노래.
15   **canst**=can. **leave**=stop.
18   **winning**=attaining 달성하다.
20   **wilt**=will.
22   **bid adieu**=say goodbye; bid farewell
23   **melodist**=musician.
26   **still**=permanently.
27   **panting**=yearning 갈망하는.
28   **All breathing human passion far above**=far above all breathing human passion 실제로 숨을 쉬며 살아있는 인간들의 정열보다 훨씬 더 높은.
29   **high-sorrowful**=full to the brim of sorrow 한껏 슬픈. **cloy'd**=satiate or sicken with an excess of sweetness, richness (진수성찬 따위로) 물리게 하다, 넌더리나게 하다.
33   **heifer**[héfə]=a young cow that has not borne a calf 새끼를 낳지 않은 암소. **lowing**=소가 우는 소리.
34   **silken**=smooth and glossy like silk (명주처럼) 광택이 있는. **garland**=a wreath of flowers 화환. 그리스와 로마에서는 제물로 바치는 짐승에게 꽃단장을 했다.
36   **citadel**=a fortress on a height for defence of a city 성채, 요새.
39   **soul**=person, man.
39-40 **not a soul,···can e'er return**=not a man can ever return to the town to tell why the town is deserted.
40   **desolate**=depopulated, uninhabited 사람이 살지 않는.
41   **Attic**=of Attica. Attica는 아테네를 중심으로 문화가 찬란했던 그리스의 지명. 유럽 문명의 중심지이기도 하다. **brede**=braiding, embroidery (옷의) 가장자리 장식.

42 **overwrought**=overdone, too elaborate 지나치게 장식한.
44 **tease us out of thought**=멍하게 만들다, 아연하게 만들다. Keats는 아무 생각도 하지 않는 곳에 행복이 있다고 생각했다.
45 **Cold Pastoral!**=차가운 목가여! 여기서 cold라는 형용사를 사용한 것은 항아리에 그려진 인물들이 살아 있는 현실의 인간들이 아니라 차가운 대리석에 새겨져 있기 때문.
46 **waste**=wear gradually away 파멸시키다.
47 **woe**[wəu]=affliction, bitter grief, distress 비애, 비통, 고난.

Kilmer, Alfred Joyce (1886-1918)
  미국의 시인이며 수필가. Columbia 대학을 나온 뒤 *Literary Digest*, *New York Times* 등의 편집인으로 활동하는 한편 New York 대학의 저널리즘 강좌를 맡고 있었다. 세계 제1차 대전에 참전하여 전사했다.

(062) **Trees**
3 **hungry mouth**=root. **prest**=pressed.
8 **her hair**=branches and sprays of the tree.

Lamb, Charles (1775-1834)
  영국의 수필가. Christ's Hospital에서 공부했으며, 재학 중 Samuel Taylor Coleridge와 사귀어 평생의 벗이 되었다. 집안을 도우려고 대학에 진학하는 것을 단념하고 회사에 취직하여 근무했다. 1796년 누이 Mary Ann이 광증으로 어머니를 죽이는 일이 생겨 평생 그 누나의 보호자로서 일생을 마쳤다. 그도 한때 실연 때문에 정신이 이상해져 정신병원에 입원한 적이 있으며, 그 후 다시 재발하지는 않았지만 평생 재발의 위협을 받아가며 때때로 제 정신을 잃는 누나를 위로하며 살았다. 1798년에 그의 시 가운데서 가장 유명한 'The Old Familiar Faces'가 들어있는 *Blank Verse*가 출간되었다. 생계를 위하여 각본을 몇 편 썼으나 모두 실패. 그는 어린이를 위한 *Tales from Shakespeare*(1807)와 평론집을 내기도 했으나 그의 이름을 널리 알린 작품은 그의 수필집 *Essays of Elia*(1823)와 그 후편 *The Last Essays of Elia*(1833)이다.

(063) **The Old Familiar Faces**
4 **carouse**[kəráuz]=have a lively drinking party 떠들썩하게 마시고 놀다.
5 **bosom crony**=close friend 친한 친구.
7 **Love**=어릴 적 소꿉친구였던 연인 Ann Simmonds. 후에 부잣집으로

시집을 갔다.
10 **a friend**=Charles Llyod (1775-1839), *Blank Verse*의 공동 저자.
11 **ingrate**=an ungrateful person 배신자.
13 **haunt**=a place frequented by a person 자주 가는 곳.
14 **was bound to traverse**=must travel across.
16 **Friend of my bosom**=my bosom friend 친한 친구. 여기서는 Lamb과 평생을 친하게 지낸 저명한 시인 S. T. Coleridge (1772-1834)를 가리킨다.
17 **wert**=were.
18 **So might we talk**=If so, we might be able to talk.

Landor, Walter Savage (1775--1864)
영국의 시인, 수필가. 1793년 Oxford 대학에 들어갔다가 중퇴. 중요한 작품으로는 *Pericles and Aspasia*(1836)와 산문 대화편인 *Imaginary Conversations*(5권, 1824-1829)가 있다. 플로렌스에서 사망.

(064) **On His Seventy-fifth Birthday**
1 **strove**=strive(싸우다)의 과거형. 이 시에서는 아무도 싸우지 않았다고 하나 실제로는 많이 싸웠다.
4 **sinks**=becomes weaker 사그라지다.

Lawrence, David Herbert (1885-1930)
영국의 소설가, 시인. 광부의 아들로 태어나 집안이 가난하여 장학금으로 고등학교를 나온 뒤 학교의 임시 교사가 되었다. 그 후 Nottingham University College를 나와 정식 교사가 되었다. 재학 시절부터 시를 쓰기 시작. 대학시절의 은사의 부인과 사랑에 빠져 유럽으로 갔다. 유럽에 체재하는 동안 소설 *Sons and Lovers*(1913)를 간행. 그 뒤 *The Rainbow* (1915), *Women in Love* (1920), *Lady Chaterley's Lover* (1928) 등으로 유명해졌다. 특히 *Lady Chaterley's Lover*는 관능적인 묘사 때문에 여러 나라에서 오랫동안 재판소동을 일으키기도 하였다.

(065) **A Passing Bell**
passing bell=조종. 이 시는 어린 자식의 장례식 날 주고받은 부부의 대화 형식을 취하고 있다.
2 **What did you say, my dear?**=남편의 말.
3 **rain-bruised**=비에 상처가 난.

4　**clutch of sob**=울 때의 경련.
5　**Yes, my dear, I hear.**=부인의 말.
6　**storm-tossed afternoon**=afternoon tossed by storm 폭풍우에 시달리는 오후. 뒤에 오는 is braving의 목적어. **brave**=challenge, face courageously. 여기서는 세차게 울리는 종소리를 묘사하고 있다.
7　**Why not let it ring?**=왜 더 울리지 않는 건가요? 부인의 말.
9　**to the throb**=고동 소리에 맞춰.
10　**It is such a little thing!**=애 장례식인 걸! 남편의 말.
12　**Yes, it is over now.**=그래 이미 끝났어. 남편의 말.
14　**starling**=찌르레기.
15　**Ah, who knows how?**=어쩔 도리가 없잖아요. 부인의 말.
17　**Don't disturb him, darling.**=남편의 말. 여기서 him은 wet bird.
18　**Its head**=16행의 shook의 목적어.
19　**he *is* not**=he does not exist.
20　**No, look at the wet starling!**=남편의 말.

Longfellow, Henry Wadsworth (1807-1882)
　　미국의 시인. Bowdoin 대학을 나온 뒤 3년 간 유럽에 유학. 돌아온 뒤 모교의 교수가 되었다. 네덜란드에서 그의 아내를 잃었으며, 두 번째 아내도 화재로 사망했다. 시는 학생시절부터 시작했으며, 그의 많은 작품 중에는 *Evangeline*(1847) 등 널리 사랑받는 작품이 적지 않다. 그의 시는 사상적 깊이나 심각한 인생 문제를 다룬 것보다는 모든 사람에게 어필할 수 있는 교훈적인 것이 많기 때문에 대중의 환영을 받았다. 그에게는 자작시 외에도 많은 번역시가 있다.

(066)　***A Psalm of Life***
1　**number**=verse, song 노래.
3　**slumber**=sleep.
7　**Dust thou are, to dust returnest**=구약성서 '창세기' 3장19절의 dust thou art, and unto dust shall thou return(너는 흙이니 흙으로 돌아갈 것이니라)에서 온 말.
11　**that**=that…may.
13　**Art is long**=그리스의 의학도 Hippocrates가 한 Ars longa, vita brevis(=Art is long, life is short)에서 온 말.
15　**muffle**=cover or wrap up to reduce its loudness (소리를) 죽이다.

muffled drum=장례식 때 사용하는 검은 천으로 싼 소리가 낮은 북, 여기서는 육체에 쌓인 심장에 빗댄 말.
18 bivouac[bívuæk]=a temporary open encampment without tents, especially of soldiers 야영, 노숙.
23 **Let the dead past bury its dead**='마태복음' 8장22절의 Follow me; and let the dead bury their dead(죽은 자들이 그들의 죽은 자들을 장사하게 하고 너는 나를 따르라)에서 온 말. 즉 지나간 일은 잊어버리라는 뜻.
30 **main**=the ocean 대해, 바다.
31 **forlorn**=desperate, forsaken 비참하게 버림받은.
32 **heart**=courage 용기.

(067) *The Arrow and the Song*
25 **breathed**=sang.
10 **unbroke**=unbroken.

(068) *The Day Is Done*
Longfellow는 30대 후반에 자기가 좋아하는 시를 모아 *The Waif*(떠돌이)라는 제목의 시집을 발간하고, 그 서문 대신 *The Day Is Done*을 실었다. 그는 시란 특수한 사람들을 위한 특수한 형태의 문학이 아닌 우리 일상생활의 일부여야 하고, 하루 일이 끝난 뒤에 편하고 즐겁게 읽을 수 있는 것이어야 한다는 그의 주장을 이 시에 담고 있다.
3 **waft**=travel easily as through air 가볍게 날리다.
10 **akin to**=similar to.
14 **lay**=short poem meant to be sung 시, 노래, 이야기 체의 시.
15 **soothe**=calm (a person, feelings, etc.) 진정시키다.
16 **banish**=dismiss from one's mind 걱정 따위를 몰아내다.
18 **bards**=Celtic minstrel 켈트족의 음유 시인.
26 **gush**=emit or flow in a sudden and copious stream 분출하다.
33 **to quiet**=to make quiet 조용하게 하다.
35 **benediction**=blessing, especially at the end of a religious service 축도.
42 **infest**=(of vermin) overrun (해충 따위가) 들끓다, 만연하다.
43 **Arabs**=아랍인들. 여기서는 사막의 아랍 대상(隊商)의 뜻. 한편 Arab 에는 waif(떠돌이)라는 뜻도 있다.
44 **steal away**=move away silently or stealthily 몰래 빠져나가다.

(069) *The Village Blacksmith*

2   **smithy**=workshop of a smith 대장간.
3   **mighty**=strong and powerful.
4   **sinewy**=muscular, brawny 근골이 늠름한, 근육질의.
5   **brawny**=muscular, strong 근골이 억센, 건장한.
7   **crisp**=curly 곱슬곱슬한.
8   **tan**=tanned leather 무두질한 가죽.
13 **Week in, week out**=week after week 매주, 주마다.
14 **bellows**=풀무.
15 **sledge**=sledgehammer 큰 해머.
17 **sexton**=a person who looks after church and churchyard, often acting as bell-ringer and gravedigger 교회지기, 종도 치고 무덤도 판다.
21 **forge**=a furnace for melting metal.
24 **chaffs**=the husks of corn or other seed separated by winnowing or threshing 왕겨.
27 **parson**=clergyman 목사.
33 **needs**=of necessity 꼭, 반드시.
42 **repose**=휴식.
46 **wrought**=worked.
47 **anvil**=a block of iron with a flat top on which metals are worked in forging 모루.

Lovelace, Richard (1618-1657)
영국의 왕당파 서정시인. 궁정에서 일했으며, 1639년에는 스코틀랜드 원정에 종군했으나 내란으로 체포되었다. 석방되어 다시 출전했으나 부상당하고 귀국. 1648년에 다시 투옥되었고, 그 때 그의 연인에게 보낸 'To Lucasta, on going to the Wars' 등을 포함하는 시집 *Lucasta*의 출판 준비를 하였다. 출옥해서는 비참한 여생을 보냈다. 그의 명성은 위의 시 외에 'To Lucasta, on going beyond the Seas' 등으로 확고해졌다.

(070) ***To Lucasta, on Going to the Wars***
2   **That**=because.
4   **fly**=go quickly, flee 달려가다.
9   **inconstancy**=frequent change 변덕.
12 **Loved I not Honour more**=If I did not love Honour more 만약 내가 명예를 더 사랑하지 않는다면.

Masefield, John (1878-1967)
영국의 시인. 어릴 때부터 선원이 되어 각지를 돌아다녔다. 1895년 미국에 건너가서 3년 동안 갖은 고생을 다하였다. 영국에 돌아와서는 Chaucer를 읽은 뒤부터 시에 대한 흥미가 생겨 닥치는 대로 시를 읽었다. 처음에는 *Salt-Water Ballads*(1902) 등 바다의 냄새와 이국정서를 특징으로 하는 시를 썼으나 뒤에는 사회에 대한 관심이 깊어져 주정뱅이 등을 주제로 한 출세작 *Everlasting Mercy*(1911)를 발표. 1930년 Robert Bridges의 뒤를 이어 계관시인이 되었다. 이 외에도 희곡, 평론 등 작품이 무수하다.

(071) *Sea-Fever*
- 2 **her**=ship.
- 3 **kick**=jerk 갑작스런 움직임, 반동.
- 8 **spume**=froth, foam 거품.
- 9 **vagrant**=wandering, roving 방랑하는, 떠도는. 뒤에 오는 gypsy life가 '방랑하는 생활'이므로 여기서 vagrant라는 말은 군더더기 말이다.
- 10 **whetted**=sharpened (칼을) 갈아 놓은, 날카로운.
- 11 **yarn**=story, traveller's tale 이야기. **fellow-rover**=동료 유랑자.
- 12 **trick**=a sailor's turn at the helm, usually 2 hours 배의 조타 교대 시간 (보통 2시간).

Millay, Edna Vincent (1892-1950)
미국의 여류시인. 어릴 때부터 시를 썼고 대학 시절에도 그녀의 재질이 인정되었으며, 졸업 후 발표한 일련의 시집에 의해 현대 미국의 가장 순수한 서정 시인으로서의 지위를 획득하였다. 동심을 가지고 인생을 노래하고 죽음을 노래하는 서정 시인이다. 시집 외에도 가극의 가사를 쓴 적도 있다. 이 시는 1921년에 쓴 것인데 그 직전에 Millay는 어떤 유부남을 사랑한 적이 있다.

(072) *Pity Me Not*
- 5 **wane**=(of the moon)=decrease in apparent size (달이) 이지러지다.
- 7 **hush**=become or make silent or quiet 조용해지다.
- 10 **wide blossom**=활짝 핀 꽃.
- 11 **shifting shore**=(밀물과 썰물이) 교차하는 해변.
- 12 **strew**=scatter or spread about over a surface 흩뿌리다. **fresh**=바다에서 새로 건져왔다는 뜻. **gale**=very strong wind or storm 폭풍.
- 14 **at every turn**=continually, always.

Moore, Thomas (1779-1852)

아일랜드의 시인. Dublin 대학 재학 시절 영국에 저항하는 독립운동에 가담했다가 가까스로 처벌을 면한 일이 있었다. 처음 그는 그리스 시인의 번역시로 문단에 들어와 당시 저명한 문인들과 교제했다. 특히 Byron과의 친교가 두터워 Byron이 자기의 사후 수기를 부탁해서 쓰게 된 평전 *Lord Byron*(1830)은 Byron 연구를 위해서도 중요하다. 그는 아일랜드에 산재해 있는 노래들을 모아 시의 격식을 갖춰 출판함으로써 아일랜드 사람들의 기쁨과 슬픔을 널리 세상에 알렸고, 이로 인해 Moore는 국민적 시인이 되었다.

(073) ***The Last Rose of Summer***

1 **'Tis**=It is.
5 **kindred**=relations 친족. **nigh**=near.
10 **pine**=decline or waste away from grief etc. 초췌해지다.
11 **lovely**=the lovely companions.
14 **o'er**=over.
15 **mates**=friends.
19 **Love's shining circle**=사랑으로 맺어진 동아리.
20 **gems**=friends.
21 **true hearts**=성실한 사람들.
22 **fond ones**=beloved friends.
23 **inhabit**=live in.
24 **bleak**=dreary 황량한.

(074) ***The Light of Other Days***

Other Days=왕년, 옛날.
1 **stilly**=still.
2 **Ere**=before. **slumber**=sleep.
10 **broken**=overwhelmed with sorrow or grief 슬픔에 잠긴.
16 **link'd together**=한테 어울린.
18 **wintry**=cold as winter (겨울처럼) 차가운. 반드시 '겨울'을 뜻하지는 않는다.
23 **garland**=a wreath of flowers, leaves worn on the head or hung as decoration 화환.
24 **all but him**=all except him=everybody else.

Morris, George Perkins (1802-1864)
미국의 시인, 저널리스트. 서정시 외에도 가사 작시에도 종사.

(075) ***Woodman, Spare that Tree***
    1   **spare that tree**=forbear to cut down that tree.
    5   **'Twas**=It was.
    6   **cot**=cottage 오두막집.
    14   **earth-bound tie**=the bond bound by earth 땅에 뿌리박은 결속.
    17   **When but an idle boy**=When I was only an idle boy.
    19   **gushing joy**=뿜어 나오는 기쁨.
    22   **pressed**=grasped.
    27   **Here shall the wild bird sing**=I will let the wild birds sing here.
    28   **And still thy branches bend**=And the wild birds shall still bend thy branches.
    29   **brave**=encounter bravely 용감하게 맞서다. **the storm still brave!**=still brave the storm=encounter the storm with continued courage 폭풍우에 맞서다.

Nichols, Robert (1893-1944)
Oxford 대학을 나온 뒤 1914년부터 1916년까지는 세계대전에 참전하고 1918년에 미국에 다녀온 일이 있으며, 1921년에는 일본 동경대학의 초빙교수로 부임하여 1925년까지 재직했다. 그는 전쟁시인으로 알려져 있으며, *Invocation*(1915) 등의 시집이 있다. 시 외에도 산문, 희곡, 소설도 썼다.

(076) ***The Stranger***
    4   **unmeaning**=having no meaning or significance, meaningless 무의미한, 무표정한.
    8   **subdued**=softened, lacking in intensity, toned down 가라앉은, 풀이 죽은.
    13-5   **not…But**=that…not. *Cf.* There is not one but knows it=There is no one that does not know it=Everyone knows it.
    13-6   **There is not a line or scar…But I know like sigils are Burned in my heart and on my face**=There is not a line or scar that are not burned in my heart and on my face.
    15   **sigil**=seal 도장.

Opie, Amelia (1769-1853)
영국의 여류 소설가. 당시의 저명한 화가 John Opie의 아내로서 Godwin 일파의 사회 개조에 관심을 가진 진보적 여성이며, 사회사업에 진력했다. 몇 권의 소설과 약간의 시가 있다.

(077) *The Orphan Boy's Tale*
이 시는 전쟁고아를 돕기 위한 캠페인을 위해 써졌음.
1 **for mercy' sake**=제발.
4 **want**=poverty, need 가난.
7 **Niles's proud fight**=1798년 넬슨 지휘하의 영국 해군이 이집트에 주둔하던 나폴레옹의 프랑스 해군을 격파한 전쟁.
13 **To force me home my mother sought**=my mother sought to force me home.
15 **'twas**=it was. 여기서 **it**=victory.
28 **'ll**=will.
29 **toll**=(of a bell) sound with slow uniform strokes (조종, 만종을) 울리다.
knell=sound of a bell for a death or funeral 조종.
33 **were I by your bounty fed!**=if I were fed by your bounty.
bounty=generosity 자비, gift 선물.
34 **Nay**=No. **chide**=scold, rebuke 꾸짖다.
37 **this to me?**=is this to? 이걸 제게 주시는 겁니까?
38 **employ**=employment 일자리.
39 **Look down**=(하늘에 계신 부모님) 내려다보세요.

Owen, Wilfred (1893-1918)
영국의 시인. 어릴 때부터 몸이 허약했으며 런던대학에 다니다 건강 때문에 중퇴. 프랑스에 건너가 2년을 지냈다. 세계대전이 일어나자 참전했으며, 전투의 여가를 이용하여 시작에 전심했다. 애석하게도 휴전 일주일 전에 적탄에 쓰러졌다. 전쟁 중의 동료 시인 Sassoon이 편찬한 *Poems*는 기교와 내용면에서 현대시에 큰 영향을 끼쳤다. 다음의 'Anthem for Doomed Youth'는 반전 시인으로서의 그의 면모를 잘 보여주는 대표적인 시이다.

(078) *Anthem for Doomed Youth*
anthem=solemn hymn of praise 송가. **doomed**=condemned 저주받은.
1 **passing-bell**=death bell 조종. 오래전부터 영국에서는 사람이 죽어갈 때 종을 울려 이것을 듣는 사람들이 기도를 해서 망자가 좋은 곳에

가기를 빌어주는 관습이 있다. 여기서부터 죽음과 관련된 교회의 전통적인 관습과 병사들이 처한 처절한 상황과의 비교가 자주 등장한다.
3 **stutter**=stammer 더듬거리다.
4 **orison**=a prayer 기도.
5 **mockery**=something ludicrously futile or unsuitable 헛수고.
7 **demented**=mad 미친.
8 **shire**=a county 영국의 행정구역, 주. 여기서 shire는 '고향' 정도의 뜻.
9 **speed**=wish Godspeed(행운) to 무사 안녕을 빌다.
12 **pall**=a cloth spread over a coffin, hearse, or tomb (관이나 무덤의) 덮개, 관의.

Poe, Edgar Allan (1809-1849)
미국의 시인이며 소설가. Boston에서 태어나 일찍 고아가 되어 그 고장의 상인 Allan의 양자가 되어 영국으로 건너가 그곳에서 교육을 받았으나 Allan과의 사이가 불편해지면서 생활이 난잡해졌다. 한때 육군사관학교에 입학하기도 했으나 중도에 그만두었다. 자비로 시를 발표해보기도 하였으나 생전에는 별로 인정받지 못했다. 1836년에 14세의 사촌 여동생 Virginia와 결혼했으나 그녀는 24세의 젊은 나이에 폐결핵으로 사망했다. 그 뒤 그는 자포자기의 나날을 보냈으며 종국에는 Baltimore의 술집에서 술에 취한 채 사망했다. Annabel Lee는 Virginia를 노래한 것으로 알려져 있다. 한편 그는 미국 최초의 추리소설 작가로 알려져 있다.

(079) *Annabel Lee*
11 **winged seraphs**=winged[wíŋid] angels of the highest order. **seraph**=치품천사. 최고위의 천사.
12 **Covet**=ardently desire; envy 탐내다.
15 **chill**=render ill with cold 오싹하게 하다.
17 **kinsmen**=relatives. **highborn kinsmen**=seraphs.
19 **To shut**=and shut. **sepulchre** [sépəlkə]=tomb.
21 **not half**=not a bit.
31 **demon**=devil.
34 **beams**=shines.
38 **night-tide**=night-time. **all the night-tide**=throughout the night.
32 **dissever**=separate
42 **sound**=울리다.

Pope, Alexander (1688-1744)
영국의 시인. 런던의 한 상인의 아들로 태어났으며 조숙했고 어릴 때는 목소리가 예뻐 'the little nightingale'이라고 불렸다. 그러나 본래 너무 몸이 허약했고 기형에 가까운 몸을 하고 있었으며, 과도하게 공부해서 건강을 해쳤다. 따라서 정식 교육은 받지 못했으며 독학으로 공부했다. 소년 시절에 쓴 시를 모은 시집 *Pastorals*(1709)가 발표되면서 일약 유명해졌으며, 스무 살 때 쓴 *An Essay on Criticism*(1711)이 격찬을 받아 그의 지위가 확고해졌다. 이 가운데서도 'Alps on Alps'는 널리 애송되고 있는 시이다. 1712년에는 걸작 *The Rape of the Lock*를 발표했다. 사교계의 명사와의 교제도 넓어졌으며, 그의 인기도 점점 높아졌고, 1713년부터 시작한 Homer의 *Iliad*와 *Odyssey*의 번역으로 9천 파운드의 수입을 올리기도 했다. 그러나 한편 그는 많은 적을 만들었으며, 잔재주를 부려 옛 친구들을 잃기도 하였다. 그의 시는 추고에 추고를 거듭한 세련된 문체로 이루어져 있으며, 그의 시에는 격언이 된 것들이 많이 있다. 예를 들면 'A little learning is a dangerous thing', 'To err is human, to forgive, divine' 등.

(080) ***Alps on Alps***
2   **Pierian spring**=피에리아의 샘. 이 샘의 물을 마시면 시상이 풍부해진다고 함.
3   **draught**[drɑːft]=a single act of drinking 한 모금 마시기.
5   **Fir'd**=Fired. **Muse**=any of the nine goddesses who inspire poetry, music 뮤즈 여신.
7   **bounded**=limited 제한된.
11 **tow'ring**=towering=high 높이 솟은.

(081) ***On a Certain Lady at Court***
3   **reasonable**=having sound judgement 사리분별이 정확한.
4   **friend**=friendly 다정한.
5   **warped**=twisted 뒤틀린.
6   **grave**=serious, dignified 심각한, 엄숙한.
10 **aver**=affirm, declare 단언하다.

Rich, Adrienne (1929-)
미국의 유태계 여류시인. 명문 Radcliffe 여자대학을 나온 뒤 New York 대학에서 교편을 잡았다. 전통적인 문화와 사회가치를 부정하는 그녀의 작품은 여권운동, 반 베트남전쟁, 인종문제 등 현대 미국이 직면한 여러 문제를 다루고 있다.

(082) ***Aunt Jennifer's Tigers***
가부장 사회에서 살아가는 여인의 억압된 모습을 묘사한 시.
1 **prance**=(of a horse) raise the forelegs and spring from the hind legs 뒷발로 뛰어오르다.
2 **topaz**=황옥, 황수정.
5 **flutter**=떨다.
7 **wedding band**=wedding ring. ring이라는 말 대신 band를 사용함으로써 '속박'의 뜻을 담았다.
10 **master**=overcome.

Robinson, Edwin Arlington (1869-1935)
미국의 시인. Harvard 대학을 중퇴하고 뉴욕에 와서 어려운 생활 가운데 시를 썼다. 그의 시는 미국 신시운동의 선구로서, 전통적인 형식을 사용하면서도 독자적인 개성과 근대적인 정신을 중요시하였다. 인생의 허무함을 직시하면서도 절망하거나 체념하지 않는 곳에서 미국인으로서의 그의 신념과 기백을 엿볼 수 있다. Pulitzer 상을 받았으며, 시집으로는 *The Children of the Night*(1897)가 있고, 그중에서도 'Richard Cory'가 널리 애송된다.

(083) ***Richard Cory***
4 **favor**=resemble in features 닮다. **imperially**=like an emperor 제왕처럼.
5 **quietly arrayed**=unobtrusively dressed 수수하게 차려입은.
7 **he fluttered pulses**=he fluttered our pulses 우리의 맥박을 뛰게 했다.
10 **schooled**=educated 교육받은. **grace**=decency, propriety 예의.
11 **in fine**=in short 요컨대.

Rossetti, Christina Georgina (1830-1894)
영국의 여류 시인. 시인 Dante Gabriel Rossetti의 누이동생. 저명한 학자인 그의 아버지는 이탈리아인이며, 그의 어머니는 이탈리아인과 영국인 사이에서 태어나 그녀는 사실상 4분의 3이 이탈리아인이다. 어릴 때부터 시를 썼으며, 오빠가 주간하던 동인지인 *The Germ*에 시를 발표했다. 그녀에게는 보헤미안적인 오빠와는 달리 엄숙한 자기희생적인 측면이 있으며, 두 번 사랑을 했으나 종교적인 이유로 결혼을 거절당했다. 그녀는 일종의 은둔자가 되었으며, 15년간 하룻밤도 어머니 곁을 떠나지 않았다. 평생 심장병을 앓으면서도 불쌍한 사람들을 돕는 일을 게을리하지 않았고, 60세가 되어 받은 수술 후 기도를 하며 마지막 숨을 거두었다. 감정의 부드러움, 용어의 세련됨, 운율의 정확함은 그녀에게 영국 여류시인 가운데 가장 우수한 시인 중 한 명의 위치를 가져다주었다.

(084) **A Birthday**
2 **shoot**=a young brach 어린 가지.
6 **halcyon**=calm, peaceful 고요한.
9 **dais**[déiis]=a low platform, usually at the upper end of a hall 높은 자리, 연단. **down**=the first covering of young birds (새의) 솜털.
10 **vair**=a squirrel-fur 다람쥐 모피.
14 **fleur-de-lys**[flərdəlí:]=flower of lily (프랑스 어) 아이리스 꽃; 프랑스 왕가의 문장.

(085) **A Christmas Carol**
1 **bleak**=dreary, grim 황량한.
9 **Him**=our God, Jesus Christ.
10 **sustain**=support, bear the weight 지탱하다.
14 **sufficed**=enough, adequate 충분한.
17 **cherubim**[tʃérəbim]=Cherub의 복수. 아홉 천사 가운데서 두 번째 계급에 속하며, 신의 지혜와 정의를 대표한다. 날개 달린 귀여운 어린이의 모습을 하고 있다. 지품천사. 케루빔.
25 **archangel**=angel of the highest rank 천사장.
27 **seraphim**=seraph의 복수. 최고위의 천사. 치품천사.
28 **throng**=come in great numbers, flock into or crowd round 떼 지어 모이다, 몰려들다.
30 **maiden bliss**=처녀로서 그리스도의 어머니가 된 축복.
31 **the Beloved**=Jesus Christ the Child.
34 **Poor as I am**=Though I am poor.
37-8 내가 만약 동방박사 중 한 사람이었다면 황금(gold), 유향(incense), 몰약(myrrh)을 예물로 바치건만. Cf. 『마태복음』, 2장11절.

(086) **A Dumb Friend**
3 **robin**=울새. **shelter**=find refuge 피난하다.
4 **tunes**=조화를 이루며 노래하다.
6 **glossy-foliaged**=잎이 반짝거리는.
8 **whereunder**=그 아래서.
9 **towers**=reach or be high 높이 솟다.

- 10 **tost**=tossed=뒤흔들다.
- 12 **silvered**=turned grey or white.
- 13 **wag**=shake or wave to and fro (머리 따위를) 흔들다.
- 17-9 **So…That**=so…that의 구문.
- 20 **wise**=having knowledge 알고 있는.
- 25 **rare**=of less than the usual density 드문, 희박한, 얼마 안 되는.
- 28 **cypress**=사이프러스 나무. 애도와 비탄의 상징. 장지에 많이 심는다.
  In shades the cypress weaves=사이프러스 나무가 짜놓은 그늘 속에.

(087) ***After Death***
- 1 **half drawn**=반쯤 올리다.
- 2 **rush**=등심 초. 옛날엔 손님이 올 때에 신선한 등심 초를 마루에 뿌리는 습관이 있었다. **rosemary**=로즈메리. 매우 향기로우며 결혼식이나 장례식 따위의 특별한 경우에 사용된다. **may**=산사나무 꽃. 5월에 핀다.
- 4 **lattice**=문창살. 서양 문창살은 네모꼴이 아니고 마름모꼴이다.
- 9 **shroud, fold**=죽은 사람을 싸는 수의와 천.
- 11 **ruffle**=disturb the smoothness 주름지게 하다.

(088) ***June***
- 6 **brings**=주어는 5행의 June.
- 9 **scant**=barely sufficient, deficient 부족한, 빈약한.
- 11 **Birds fall silent in July**=여름에는 너무 더워 새들의 노래도 뜸해진다.
- 14 **homely-hearted**=집안 생각을 하는.
- 22 **all the seven**=a week=every day. **And longest days were all the seven**=And if all days were longest days.

(089) ***Remember***
- 2 **silent land**=죽음의 나라.
- 4 **half turn to go, yet turning stay**=가려고 반쯤 돌아서거나, 돌아서면서도 멎어서는.
- 5 **day by day**=daily, every day 날마다.
- 8 **counsel**=give advice to 충고하다.
- 11 **corruption**=decomposition, especially of a corpse (시체의) 부패.
- 12 **vestige**=a trace 흔적.

(090) ***Up-Hill***
알기 쉬운 종교시이다.
- 1 **wind**=굽이치다.

- 9 **wayfarer**=traveler, especially on foot 나그네.
- 13 **travel-sore**=sore with travel 여행으로 아픈.
- 14 **Of labour you shall find the sum**=you shall find the sum of labour. **sum of labour**=reward of labour 고생한 보람.

(091) ***When I Am Dead, My Dearest***

My Dearest=이 시는 Rossetti가 18세 때 쓴 시로, Rossetti는 얼마 전에 오빠 Michael의 친구이며 화가인 James Collinson과 약혼한 사이였고, Dearest는 이 약혼자를 지칭한다. 병약한 Rossetti는 죽음에 대해 생각하는 일이 많았고, 참된 사랑은 지상이 아니라 천상에서 이루어진다고 생각하고 있었다. 따라서 죽은 뒤에도 슬픈 노래를 부르지 말아 달라고 부탁하고 있다.
- 7 **wilt**=will=wish.
- 15 **Haply**=perhaps.

Sassoon, Siegfried (1886-1967)

영국의 시인. 부유한 집안에 태어나 Cambridge 대학을 나온 뒤 일찍부터 시에 관심을 가지고 익명으로 시집을 냈다. 정의에 대한 정열로 참전했던 세계1차 대전에서 두 번이나 부상당했다. 참담한 전쟁에 환멸을 느끼고 통렬한 반전시를 써서 Graves와 Blunden 등과 함께 전쟁시인으로 활약. 말년 20년간은 세상과 관계를 끊고 시골에서 조용히 살았다.

(092) ***A Local Train of Thought***

Train='기차'와 '일련의'(a succession of)의 두 가지 뜻을 가지고 있다. A Local Train은 시골을 달리는 '완행열차'의 뜻이고, A Train of Thought는 '일련의 생각'이라는 뜻이다. 시상을 짜내느라 한 밤중에 책상을 마주하고 있는 시인의 더디기만 한 시인의 상념을 시골 완행열차에 겹치고 있다.
- 3 **Valley**=작자가 말년을 보냈던 영국 서남부의 시골 마을 Warminster에 있는 어느 골짜기.
- 4 **one-fifty**=one-fifty train.
- 6 **homely**=평범한, 수수한.

Scott, Sir Walter (1771-1832)

스코틀랜드의 시인, 소설가. 에든버러에서 변호사의 아들로 태어나 처음에는 변호사가 되었으나 스코틀랜드 일대의 전설을 수집하고 독일시를 번역하는 등 문학에 대해 관심을 보이기 시작. *The Lady of the Lake*(1810) 등의 작품이 있으나 Byron의 출현으로 빛을 잃게 되자 소설로 전향했다.

Waverley(1814)이나 Ivanhoe(1819) 등이 알려져 있다.

(093) **The Violet**
1 **bower**=an arbour 정자.
2 **birchen**=birch(자작나무)의 형용사. **hazels**=개암나무.
4 **glen**=narrow valley (스코틀랜드 방언) 골짜기. **copse**=coppice, a small wood 잡목 숲. **dingle**=deep wooded valley 계곡.
5 **azure**=a deep sky-blue color.
8 **through**=because of. **watery lustre shining**=watery lustre that is shining. 사랑을 알게 된 여인의 눈의 묘사로서, 기쁨에 눈물이 글썽이고 있다.
10 **Ere**=before. **morrow**=morning.
12 **parting sorrow**=헤어지는 슬픔. 이 시는 Scott의 나이 25세 때 실연을 당한 직후 쓴 것.

Service, Robert William (1874-1958)
영국에서 태어나 캐나다로 이민해 온 시인. 여러 가지 직업에 종사했으며, 세계대전 당시의 종군기자로, 또 앰뷸런스 기사로서의 경험을 바탕으로 쓴 시집 Rhymes of a Red Cross Man(1916)이 있다. 'Grand-père'는 그 중의 주옥이라고 하겠다. 한편 파리에서의 그의 생활은 Ballads of a Bohemian (1920)에 반영돼 있다.

(094) **Grand-père**
Grand-père=grandfather (프랑스어).
4 **would**=wish to.
8 **appall**=greatly dismay or horrify 소름끼치게 하다, 섬뜩하게 하다.
15 **snag**=broken stum 부러진 나뭇가지.
16 **its ugly brother**=the other ugly hand.
17 **jagged**=with an uneven cut or torn edge 들쭉날쭉한, 톱니 모양의.
24 **Joffre**=1916년까지 프랑스 군 총사령관이었던 Joffre 원수.

Shakespeare, William (1564-1616)
세계 최대의 시인, 극작가. 르네상스 시대의 영국 문학을 대표하며, 37편의 희곡과 154편의 소네트(14행 시)를 남겼다. 그의 희곡도 모두 운문으로 되어 있으므로 그는 결국 시인이라고 할 수 있다. 초등학교 이상의 정식 교육은 받지 못했으며, 고향을 떠나 런던에 와서 극장에서 관객들의 말 관리인으로 출발해 이윽고는 세계 최고의 극작가가 되었다. 그의 작품은 전 세계적으로 번역되어 읽히고 있으며 우리나라에서는 김재남 교수가 그의 전 작품을 번역한 바 있다. 'Sonnet 18'은 그의 소네트 가운데서 가장 사랑받는 작품이다.

(095) **Sonnet 18**
   2   temperate=moderate, not overcome by passion. 온화한, 온건한.
   4   lease=계약 기간.
   5   Sometime=at times 때로. the eye of heaven=sun.
   6   complexion=the natural color, texture, and appearance of the skin, especially of the face 안색.
   8   untrimm'd=손대지 않은.
   10 owest=owe. owe의 2인칭 단수의 변화형. owe=possess, own, have.
   11 brag=talk boastfully 뽐내다, 큰소리치다.
   12 to time=to the end of time, for ever.

Shelley, Percy Bysshe (1792-1822)

Byron, Keats와 더불어 대표적인 영국의 2세대 낭만파 시인. 부유한 집안에 태어나 Eton에 입학하였으나 자유분방한 성격 때문에 Mad Shelley라는 별명을 얻었으며, Oxford에 들어갔으나 종교비판의 필요성을 역설한 팸플릿 사건으로 퇴학당했다. 그 뒤 그는 강한 사회의식과 급진적 개혁사상 때문에 우여곡절을 겪게 된다. 이탈리아에서 요트를 타던 중 익사. 작품으로는 널리 읽히는 'Ode to the West Wind', 'To a Skylark' 등의 짧은 시를 비롯해 *Prometheus Unbound*(1820)와 Keats를 애도한 *Adonais*(1821) 등의 장시가 유명하다.

(096) **A Song**
   1   sate=sit의 과거형.

Spenser, Edmund (1552-1599)

영국의 시인. 집안은 좋았으나 넉넉지는 못했다. Cambridge를 나왔고, 특히 고전 공부를 열심히 하였다. 1579년에 발간한 처녀 시집 *Shepheardes Calendar*로 일약 유명해졌다. Elizabeth 시대 문학의 찬란한 막이 이 작품에 의해 올라갔다고 해도 과언이 아니다. 총독의 비서로 아일랜드로 건너갔다가 다시 본국에 소환되어 관리가 되었으나 다시 아일랜드로 건너가 거기서 일생의 대부분을 보냈다. 이 동안에 대작 *Fairie Queene*(1590)을 발표하여 문단을 깜짝 놀라게 하였고, 이로 인하여 Elizabeth 여왕은 그에게 연금 50

파운드를 주었다. *Fairie Queene*을 발표하는 한편 후에 자기 아내가 된 Elizabeth Boyle에 대한 사랑을 노래한 시집 *Amoretti*(1595)를 발표하였으며, 'My Love Is Like to Ice'는 그 중에서도 유명하다. 1598년 아일랜드 봉기로 집이 습격당하고 가족과 함께 Cork로 도망 왔다가 런던에서 객사하였다. 죽은 뒤에는 Westminster Abbey에 묻혔다. 자유로운 운율과 참신한 내용으로 희곡에 있어서의 Shakespeare와 함께 영국 르네상스의 최고봉을 이루며, Poets' Poet라는 표현은 그를 두고 하는 말이다.

(097) *My Love Is Like to Ice*
    4   **entreat**=ask earnestly 간청하다, 탄원하다.
   10   **That**=miraculous thing의 구체적인 내용.
   11   **congeal**=freeze 얼리다. **senseless cold**=감각이 마비되도록 차가운.
   12   **device**=trick 책략, 재주.

Synge[siŋ], John Millington (1871-1909)
아일랜드의 극작가. 대학을 나온 뒤 대륙으로 건너가 음악을 배우며 독일 각지를 돌아다녔다. 그 밖에도 파리나 이탈리아에도 자주 갔으며, 이탈리아, 프랑스 문학에 관심을 가졌다. 파리에서 우연히 Yeats를 만나 그와 친교를 맺게 되었으며, 그의 희곡들은 Yeats와의 관계로 모두 Dublin의 Abbey Theatre에서 공연되었다. 그의 작품은 이 극장의 이름을 빛나게 해준 명작들이다.

(098) *Winter*
   6   **Russian Poles**=러시아 태생의 폴란드 인.
   7   **night and noon**=night and day 밤낮으로.
   8   **To spare my sack of coals**=석탄 마대의 탄을 아끼기 위해.

Teasdale, Sara (1884-1933)
미국의 여류 시인. 감미로운 서정시의 작가. 1911년 미국 시인이 쓴 가장 우수한 시집에 수여되는 Columbia University Prize를 받았다. 1917년에 다시 이 상을 받았다.

(099) *I Shall Not Care*
   2   **shake out**=spread (머리칼을) 풀어헤치다.

(100) *Let It Be Forgotten*
   2   **singing gold**=금빛으로 활활 타오르는.
   7   **hushed footfall**=조용해진 발자국 소리.

(101) **Like Barley Bending**
    10 **Day long, night long**=온종일 밤새도록

Tennyson, Alfred (1809-1892)
영국의 시인. Cambridge에서 공부했으며, 재학 중에 'Timbuctoo'라는 시를 써서 총장상을 받았다. 대학 시절부터 친구 Hallam의 죽음을 애도하여 쓰기 시작한 유명한 추도시 *In Memoriam*(1850)을 Hallam이 죽은 뒤 17년 만에 발표하였다. 1842년에 출판된 두 권의 시집에는 그의 최대 걸작의 하나인 'Morte d'Arthur', 'Locksley Hall', 'Ulysses' 등이 들어있다. 1850년에는 Wordsworth의 뒤를 이어 계관시인이 되었으며, 1859년에 출판된 *Idylls of the King* 네 권에 의해 그의 명성은 확고해졌다. 끊임없이 회자되는 *Enoch Arden*은 1864년에 발표. 죽은 뒤 Westminster Abbey에 묻혔다. 테니슨은 사상가라기보다는 사색인이며, 그 보다는 언어의 마술사였다. 예민한 감수성을 지녔던 그는 우리 현대인의 고뇌를 한 발 앞서서 뼈아프게 느꼈고, 이 아픔을 언어로 적절하게 형상화해냈다.

(102) **Break, Break, Break**
1833년에 죽은 친구(Arthur Henry Hallam)를 애도하는 시집 *In Memoriam* (1850)에 수록되어 있음.
    3 **would that**=wish that. *Ex.* Would that I were young again=I wish I were young again.
    5 **well for the fisherman's boy**=the fisherman's boy is happy.
    10 **haven**=harbour.
    11 **O for**=How I wish to have. **vanished hand**=죽은 친구의 손.
    12 **a voice that is still**=(죽어서 지금은) 말이 없는 목소리.
    14 **crag**=a steep or rugged rock 험한 바위.
    15 **tender grace**=상냥한 축복. 죽은 친구의 성격을 말하고 있다. **a day that is dead**=a day that is gone 가버린 날.

(103) **Crossing the Bar**
이 작품은 Tennyson이 죽기 3년 전인 80세에 쓴 것이다. 그는 이 시를 늘 자기 시집의 마지막에 실어주기를 바랬다. **Bar**=sandbar=a ridge of sand formed in a river or along a shore by the action of waves or currents 모래톱. 안전한 강에서 험한 바다로 나가기 위해서는 모래톱을 건너야(crossing) 한다. 작가는 강을 이승, 바다를 저승에 비유하고 있다. 따라서 **crossing the bar**는 죽는다는 것을 의미한다. 한편 crossing은 '건너다'라는 뜻 말고도

'십자를 긋다'(cross oneself)나 '십자가'를 암시하기도 한다.
2   one clear call=the call of Death.
6   Too full for sound=being too full to make sound and foam.
12 embark=put or go on board a ship 배를 타다.
13 tho'=though. bourne[bɔ:n, buən]=boundary.
15 Pilot=a person qualified to take charge of a ship entering or leaving harbour 수로 안내인. 여기서는 Jesus Christ.

(104) **Ring Out, Wild Bells**
추도시 In Memoriam(1850)에 수록되어 있음.
1   Ring out (묵은해 따위를) 종을 울려 떠나보내다. wild=uncontrolled, unrestrained, frantic 사나운, 거친, 자유분방한. wild bells=bells that sound loud and quick. wild sky=stormy sky.
5   ring in (새해 따위를) 종을 울려 맞아들이다. the old,…the new=낡은 것, …새 것.
9   sap=drain or dry (wood) of sap, weaken 수액을 말리다.
11 feud=prolonged mutual hostility 반목.
12 redress=remedy (잘못의) 교정.
13 slowly dying=빨리 죽지 않는. cause=a principle, belief, or purpose which is advocated or supported 대의명분.
19 rhymes=verse having rhymes 시. mournful rhymes=친구의 죽음을 애도하는 바로 이 시.
20 fuller=more perfect. minstrel=a medieval singer or musician, especially singing or reciting poetry (중세의) 음유 시인.
21 place=a person's rank or status 지위. blood=가문. place and blood=station in life and birth 지위와 출신성분.
22 civic slander=시민들의 중상, 비방. spite=ill will, malice toward a person 원한.
26 narrowing=(마음을) 편협하게 만드는. lust=a passionate desire for 욕망.
27 valiant=brave, courageous 용감한.
32 is to be=is to come.

(105) **Sweet and Low**
The Princess라는 서사시에 들어있는 시로서 어부의 아내가 잠자는 아기를 달래며 남편의 무사귀환을 기다린다는 아름다운 정경을 노래하고 있다. 여러 작곡가들이 이 시에 곡을 부치고 있다.
- 5   **waters**=waves.
- 10 **thee**=thou(=you)의 목적격.
- 13 **babe**=a baby, an infant.

(106)   ***The Bee and the Flower***
- 1   **am faint for your honey**=feel giddy in want of your honey 꿀이 먹고 싶어 현기증이 난다.

Waller, Edmund (1606-1687)

영국의 시인. Eton과 Cambridge를 졸업. 25세 때 결혼한 아내가 죽자 Dorothy Sidney에게 열심히 구혼. 그가 Sacharissa라고 불렀던 그녀를 주제로 아름다운 시를 썼다. 16세에 국회의원으로 정계에 나서 처음에는 왕에게 반대했으나 내란이 일어나자 왕당에 가담해 런던 탈취를 도모했으나 실패한다. 친구를 팔아서 죽음을 면했으나 런던탑에 유폐되었다가 국외로 추방되어 파리에 있던 중 Cromwell의 허가로 귀국해서는 그를 칭송하는 시를 썼다. 그러나 그가 죽자 그를 비난하는 시를 썼으며, 왕정복고 이후에는 Charles 2세에게 아첨하는 등 그의 행동에는 한 점의 지조도 없었다. 한때는 영국 최대의 시인이라는 말을 들은 적도 있으나 지금은 그저 유창한 말을 사용했던 것으로 주목될 뿐이다.

(107)   ***On a Girdle***
- 3   **No monarch would give**=There is no monarch that would not give.
- 4   **His arms might do**=If he could do with his arms. **what this has done**=the embracing of her waist by this girdle.
- 5   **extremest sphere**=the outermost orbit of my Heaven 내 하늘의 전부. Waller는 당시 천동설을 믿고 있었다.
- 6   **pale**=a boundary or enclosed area 울타리(로 막은 땅).
- 9   **compass**=area, scope 지역, 공간.
- 11 **but**=only.
- 12 **all the rest the sun goes round**=all the rest under the sun 하늘을 도는 태양 아래에 있는 나머지 모든 것.

Whitman, Walt (1819-1892)

미국의 시인. 학교 교사를 지낸 일이 있으며 Brooklyn에서는 기자 생활을 했다. 1846년에는 *Brooklyn Daily Eagle*의 편집자가 되어 민주당 안에서 상당한 지위에 오르게 되었으며, 노예제도에 반대하여 급진파와 합류함으로써 편집자의 직을 잃었다. 그 뒤 New Orleans 신문에서 직업을 얻어 노예제도에 대한 반감을 한층 두터이 했다. Emerson의 논문에 깊은 감동을 받았으며, 1855년에 *Leaves of Grass*를 출간하였다. 남북전쟁이 일어나자 솔선 자원하여 야전병원에서 일했으며, 자신의 건강을 해칠 정도로 헌신적으로 일했다. 그의 시는 대담하게 운율을 무시하며, 시상의 율동에 따라 흘러나온다. *Leaves of Grass*는 그가 살아있는 동안에 12판을 냈으며, 판이 거듭될 때마다 그의 새 작품이 첨가되었다.

(108) ***O Captain! My Captain!***

링컨 대통령의 암살을 애도한 시. 여기서 captain은 링컨 대통령, ship는 미국, fearful trip은 남북전쟁을 나타낸다.

    2   **weather**=come safely through (a storm) 뚫고 나가다. **rack**=a state of intense anguish 고통.

    4   **While follow eyes the steady keel**=While eyes follow the steady keel. **grim**=of stern or forbidding appearance 무시무시한. **daring**=bold 대담한.

   10   **trill**=produce a trill 떨리는 소리를 내다, (악기를) 트릴로 연주하다.

   11   **a-crowding**=are crowding.

   12   **sway**=move unsteadily from side to side 좌우로 흔들리다.

(109) ***The Beasts***

    1   **turn**=change 변하다. **self-contain'd**=uncommunicative, independent 말 수가 적은; 자급자족하는.

    6   **demented**=mad.

    7   **kind**=racd or species 종족, 동족.

Whittier, John Greenleaf (1807-1892)

미국의 시인. 가난한 농가에 태어나 어릴 때부터 R. Bunrs의 시를 좋아했으며, 일찍부터 시를 썼다. 잡지 편집자가 된 뒤 반노예운동에 참가했다. 뒤에 주 의회의 의원이 된 뒤에도 반노예운동을 계속했다. 시인으로 크게 성공하지는 못했으나 그의 진지한 감정은 독자의 심금을 울린다.

(110) ***In School Days***

    3   **sumachs**=옻나무.

    6   **scarred by raps official**=선생님이 내려치는 채찍으로 상처가 난.

    7   **warp**=become bent or twisted out of shape 뒤틀리다. **battered**=

damaged 망가진.
8 **jackknife's carved initial**=칼로 새겨놓은 이름의 첫 글자.
9 **charcoal frescoes**=숯으로 낙서한 그림들. **fresco**=갓 칠한 회벽에 수채화로 그리는 화법, 프레스코 그림.
10 **sill**=threshold 문지방, 문턱. **betray**=make known unintentionally 누설하다.
15 **Lit**=light(=빛나다)의 과거, 과거분사.
16 **fretting**=부식, 침식.
22 **single**=select, choose.
26 **linger**=머뭇거리다.

Wordsworth, William (1770-1850)

영국의 시인. 변호사의 아들로 태어나 Cambridge에서 공부. 대학 재학 중에는 별로 두각을 나타내는 일이 없었다. 프랑스 혁명이 한참일 때 프랑스에 가서 1년 머물렀다. 그는 이 혁명에서 정신적으로 큰 감명을 받았다. 프랑스에 있는 동안 의사의 딸이며 그가 프랑스어를 배우던 Vallon과 사랑하게 되어 딸을 하나 얻었다. 프랑스 혁명이 길어져 공포정치의 출현을 보게 되자 그의 공화주의에 대한 정열은 위기를 맞게 된다. 1795년에는 Coleridge와 알게 되어 문학사상 보기 드문 친교를 계속했다. 1798년에는 영문학 상 Romantic Revival의 기원을 이루는 *Lyrical Ballads*를 출판하였다. 그는 이 시집에서 자연과 인간의 신비한 영교를 노래했다. 1799년 누이동생 Dorothy와 함께 Grasmere에 정착하여 거기서 여생을 보냈다. 그의 대표작 *Prelude*는 1799, 1805, 1850 세 번에 걸쳐 발표되었다. 1843년에는 Southey의 뒤를 이어 계관시인이 되었다.

(111) ***Lucy***
2 **springs of Dove**에서 of는 springs와 Dove가 동격임을 나타낸다. *Ex.* the city *of* Seoul, Lake *of* Michigan.
10 **ceased to be**=ceased to exist=died.
12 **difference**=그녀의 죽음은 다른 사람들과는 달리 나에게는 큰 '차이'를 가져다준다는 뜻.

(112) ***The Daffodils***
12 **sprightly**=lively, brisk 활기찬.
14 **Out-do**=excel, surpass 능가하다.
15 **A poet could not but be gay**=Any poet could not help being joyful.

- 16 **jocund**=merry, gay, cheerful 유쾌한.
- 18 **show**=sight, spectacle 광경.
- 10 **oft**=often.
- 20 **in vacant or in pensive mood**=blankly or thoughtfully 멍하니 혹은 사색에 잠겨.
- 21 **inward eye**=mind's eye 마음의 눈.

(113) *The Rainbow*
- 3 **when my life began**=when I was a child.
- 5 **So be it**=May it be so 바라노니 그렇게 되기를.
- 9 **natural**=inborn, inherent, innate 타고난.

(114) *The Reverie of Poor Susan*

런던에 하녀로 나와 일하는 수잔이 어느 날 아침거리 모퉁이에서 노래하는 새 소리에 잠시 고향 산천의 환상을 떠올린다.

- 1 **Wood Street**=런던 번화가의 거리 이름. Cheapside에 인접해 있음.
- 5 **'Tis**=It is. **enchantment**=the art of enchanting 마법. **what ails her**=what troubles her? 무엇이 그녀를 괴롭히는가?
- 7 **Lothbury**=런던 번화가의 거리 이름.
- 8 **Cheapside**=런던의 중심부를 동서로 통하는 대로. 세인트폴 대성당에서 영국은행 쪽으로 통한다.
- 9 **dale**=valley.
- 10 **pail**=bucket 양동이.

(115) *We Are Seven*
- 1 **simple**=innocent.
- 9 **rustic**=of country 시골의. **air**=atmosphere, manner 분위기, 태도.
- 10 **clad**=clothed.
- 17 **pray**=ask earnestly 간청하다.
- 33 **run about**=(especially of children) play or wander without restraint 마구 뛰어놀다.
- 42 **hem**=가장자리를 감치다.
- 47 **porringer**=small bowl, often with a handle, for soup 우묵한 접시.
- 67 **throwing words away**=말의 낭비.
- 69 **have her will**=obtain what one wants 고집을 달성하다.

Wylie, Elinor Hoyt (1885-1928)

미국의 여류 시인, 소설가. Shelley의 영향 아래 쓴 시집 *Nest to Catch the Wind*(1921)와 *Black Armour*(1923) 등으로 확고한 지위를 차지하게 되었다.

(116) **Velvet Shoes**
    6   **shod**=shoe(신을 신다)의 과거, 과거분사.
    13   **down**=the first covering of young birds (어린 새의) 솜털.

Yeats[jeits]**, William Butler** (1865-1939)
    아일랜드의 시인. 3년간 미술 공부를 했으나 문학에 뜻을 두고 아일랜드 국민정신 부흥과 문예부흥 운동에 공명하여 '아일랜드 문예협회' 설립에 협력했으며, 아일랜드 국민극장의 창설을 위해 노력했다. 그는 여러 편의 희곡을 썼으나 그의 이름은 시인으로 더 알려져 있다. 그의 작품으로는 유명한 'The Lake Isle of Innisfree'가 들어있는 *Poems*(1895)가 있다. 그에게는 이 밖에도 여러 편의 희곡집, 평론집, 극시, 이야기, 자서전 등이 있다.

(117) **The Falling of the Leaves**
    3   **Yellow the leaves of the rowan above us**=The leaves of rowan above us are yellow. **rowan**=마가목.
    4   **beset**=beset(=surround)의 과거, 과거분사.
    8   **drooping brow**=숙여진 이마. 주위에 가을의 기척을 느끼며, 자기 사랑의 가을에 놀라고 정열이 식었음을 탄식하는 노래.

(118) **He Wishes for the Cloths of Heaven**
    4   **Of night and light and the half-light**=Of night and day and twilight 밤과 낮과 황혼의. 운을 맞추기 위해 day나 twilight 대신 light와 half-light를 사용하고 있다.
    6   **being poor**=as I am poor.

(119) **The Heart of Woman**
    1   **what to me**=it's nothing to me 아무 것도 아니다.
    2   **brim up**=fill to the brim 가득 채우다.
    3   **gloom**=darkness.
    8   **shadowy**=dark. **blossom of my hair**=꽃처럼 아름다운 나의 머리칼.

(120) **The Lake Isle of Innisfree**
    Isle=island. **Innisfree**=Yeats가 어린 시절을 보낸 아일랜드 북서부외 Sligo 주에 있는 길 호수(Lough Gill)에 있는 섬.
    1   **I will arise and go now**="누가복음" 15장18절의 '탕자의 귀환' 중의 I will arise and go to my father라는 대목을 연상시킨다.

    2   **wattle**=외로 쓰는 나뭇가지나 수수깡 따위.
    6   **the veils of the morning**=the morning mist 아침 안개.
    7   **a-glimmer**=glimmering 어렴풋이 빛나는. 숲속에서는 한밤중에도 희 끄무레한 빛이 있다.

(121)   *The Lover Pleads with his Friend for Old Friends*

plead with a person for something=make an earnest appeal to a person=어떤 이에게 ~을 탄원하다. *Ex.* I pleaded with his father for my friend. '나는 친구 아버님께 친구의 용서를 빌었다.' 따라서 제목은 '연인이 그의 벗에게 옛 친구를 소중히 여길 것을 간청한다'라는 뜻.

    1   **shining days**=golden days=황금시대.
    2   **Voices**=rumor, reputation 소문, 평판.
    8   **these eyes**=the eyes of old friends. **but**=except.